増補版

江戸藩邸物語

戦場から街角へ

氏家幹人

角川文庫
19835

目次

武士としては　7

十四歳の自刃／殉死御禁断／堪忍の代償／〝柔弱〟の罪／噂が武士を襲うとき／危険と困惑の日々／『武士としては』／ある日突然の武士道

〈職場〉の作法　35

二つの風潮／遅刻・欠勤規定／時間厳守の作法／遅すぎた目覚め／勇気をもって目を覚ませ／出勤拒否／しぐさの作法違い／不念と不服従／様と殿／上司の重さ／禁酒の誓約／去りゆく者たち／若き武士たちにおくる言葉

路上の平和　71

報復の街角／喧嘩両成敗法を超えて／道の正し

い歩き方／鞘当／一触即発の路上／供割・供先
切／平和の徹底／水撒きの作法

駆け込む者たち　97

招かれざる訪問者／駆け込む人々／文芸作品に
みえる駆け込み／駆け込みを囲う法／囲わない
風潮の拡がり／〝騙り〟の流行／仕官希望者の来
訪／哀願と謝絶の作法／〝たかり浪人〟対策／駆
け出る人々

火事と生類をめぐる政治　137

〝敵は火事なり〟／火災通報の音色／藩邸空間の
自律性／揺らぐ自律性／藩邸内の猪狩り／狐憑
き／生類憐みの波紋／過敏な対応

小姓と草履取り　159

噂の二人／美少年の愛翫／御物あがり／前髪老
人／美しさの強制／隔離される身体／恋の制

裁／少年と草履取り／前髪の黄昏

死の領域 195

助命／おさん、茂兵衛の場合／法衣のサンクチュアリ／「法」のせめぎあい／捨てられる屍／漂う屍／河鍋暁斎のみたもの／土左衛門伝吉／死体処理の悩み／死から遠ざかる武士／試し斬りの専業化

見いだされた老い 229

天野長重の略歴／テーマとしての健康／性の自己規制／七十歳以上定年制／六十歳の壁／老いの翳／幼少への眼差し／女と妻／家政の眼／八十五歳の円寂

増補 「『守山日記』にみる〝かぶき〟終焉の時代像(抄)」 261

主要引用資料一覧 279

あとがき　282
増補版あとがき　284

武士としては

十四歳の自刃

一人の少年の死から話を始めよう。

正徳《しょうとく》二年（一七一二）、陸奥《むつ》二本松《にほんまつ》藩士丹羽又八の十四歳（満年齢なら十二、三歳）の息子六之介《ろくのすけ》が、岡田長兵衛の屋敷前で切腹して果てた。

自殺の原因は、実にとるにたらないものだった。六之介は、長兵衛の息子で一歳年下の翁介とそれこそ遊び半分に蝉《せみ》の抜けがらのとりあいをしていたが、翁介が奪いとって自分の家に逃げこんだので、やらじと追いかけた。ところが翁介の従者が屋敷の門をしめてしまい、六之介は門の前にたたずんでいるしかなかった。

原因といえばこれだけ。蝉の抜けがらをとられたうえ従者に行手を阻《はば》まれた六之介は、「大《おお》いに憤り、扉《とびら》に打掛り、自《みずから》腹を切て死してけり」――どうしようもない憤りを自らの命にぶつけて、わずか十数年の人生にピリオドを打ってしまったのである。

『松藩廃家録《しょうはんはいかろく》』に収録されたこの〝事件〟から、われわれは、いつの世も変わらない、死神に憑《つ》かれた少年たちの自殺の一例を垣間《かいま》みることができる。しかしまた切腹という行為の特殊性や、それが相手の家に与える影響の深刻さ（岡田長兵衛は、この事件がもとで知行《ちぎょう》を没収される）を考えに入れるならば、六之介の行為に、武士の意地、自らの命をひきかえにした報復という、すぐれて歴史的な要素をさぐりあてることができるだろう。恥辱をはらすためなら、意地と自分の命をいとも簡単に等価交換してしまう、そんな〝死〟と親しい武士の情動が、いまだローティーンの六之介の身体のなかを、はしったのである。

殉死御禁断

戦乱の世が〝徳川《とくがわ》の平和〟にうつりかわっても、死との親しさは、それがあたかも武士の最後のよりどころでもあるかのように払拭《ふっしょく》されなかった。

寛文《かんぶん》三年（一六六三）五月二十三日、諸大名列座の江戸城大広間で林鵞峯《はやしがほう》が「武家諸法《ぶけしょはっ》度《と》」を読みあげたのち、老中酒井《さかい》雅楽頭忠清《うたのかみただきよ》によって〝天下《てんか》殉死《じゅんし》御禁断《きんだん》の旨〟が宣言された。以後は殉死、すなわち主君の死後あとを追って自殺することを全国的に禁止するというのである。事実、こののち寛文八年、奥平昌能《おくだいらまさよし》は先代の没後家中に殉死者があったという理由で二万石を削られている。

幕府によって殉死の禁止が宣言されるまで、殉死は、各藩で一種の流行のように繰り返されていた。

追腹《おいばら》を切る側には、自分が殉死することで知行の加増《かぞう》や子孫の代まで家の安泰をはかる打算的な面もあったし、のちに述べるように主君との間に少年時代以来の性愛的絆《きずな》があったがゆえに、情死として殉死を遂げた者も多かった。理由はさまざまだった。『葉隠《はがくれ》』をめくってみよう。林形左衛門は、鍋島忠直《なべしまただなお》のお側の衆に選ばれ江戸へ上る支度の最中に忠直の訃報《ふほう》が伝わると、まだ一日もお側で奉公していなかったにもかかわらず、数百人のなかから選ばれたのが「身に余り有難き」とて追腹を切った。鍋島茂賢のある家来は、主人の膳《ぜん》をつまみ食いしているところをみつけられうろたえていたおり、茂賢が「あいつ、人の喰ものをくふて憎《に》くい奴」というだけで、そのまま家来の箸《はし》のついた膳を食したことに感激し、茂賢の死後、追腹の衆に加わったという。また古川三太左衛門《さんたざえもん》のように、病気で臥《ふせ》っていたときに御膳用の食物を拝領したことから追腹の覚悟を固めたものもいる。

主君の死出《しで》の旅路の供をする殉死は、幕藩体制の確立によって戦場から疎外されつつある当時の武士社会のなかで、武士としての美意識を満足させる行為でもあったのである。であるからこそ殉死は美化され儀式化され、あとを追う人々は、それぞれの想いを辞世の詩歌に託して詠みあげた。慶安《けいあん》四年（一六五一）三代将軍家光《いえみつ》に殉死した堀田正盛《ほったまさもり》は「ゆくかたはくら（暗）くもあらし時をゑてうき世の夢の明ほののそら」と辞世を遺《のこ》し、正保《しょうほう》三年（一六四六）、福井藩主松平忠昌《まつだいらただまさ》の死後、あとを追った七人の近臣のうち滝主計《かずえ》（二十一歳）、鈴木田宮（五十一歳）も次のような辞世の歌を詠んでいる。

闇路《やみじ》をも安く行《いか》なん我頼む君か心の月にひかれて
武士《もののふ》の道の正しき心こそ弓矢八幡大菩薩なれ

殉死者の辞世は、書きとめられ各地に流布され、さらに次の殉死をうながしていく。右の滝主計らの辞世も、紀伊《きい》徳川家の家老三浦《みうら》氏に仕えた儒医石橋生庵が編集した『家乗《かじょう》』（家の歴史）に載せられたものである。当時五歳であったはずの生庵がこの出来事を実際に見聞したとは考えられない。にもかかわらず福井藩殉死一件が『家乗』に書きとめられなければならなかったのは、それが十七世紀前半の精神的空気を象徴する、したがって歴史記述上落としてはならないことがらと認識されたためではなかったか。

堪忍の代償

〝死との親しさ〟ばかりではない。近世前半の武士社会には、後半期には容易にお目にかかれないような激しい情動や心情、武士としての規範意識が息づいていた。会津《あいづ》藩の記録『家世実紀《かせいじつき》』から、そんな例のいくつかを紹介してみよう。

寛永《かんえい》十九年（一六四二）のこと、会津藩の内田三十郎が江戸勤番を終え会津へ帰る途中、下野国芦野宿《しもつけのくにあしの》（現在の栃木県那須町《なすまち》）で米沢《よねざわ》藩家老平林内蔵助《くらのすけ》の家来と刃傷事件を起こした。平林の宿所の縁に三十郎がたたずんでいたとき、平林の家来が「そこをどけ」といったのが発端で喧嘩《けんか》となり、相手の額に斬りつけた三十郎に、相手側が大勢で縄をかけようとしたというものである。喧嘩の場にかけつけた宿の問屋《といや》は、三十郎に次のように述べたという。

伐《きり》候所のはたらき残る所なく、もっとも多勢に無勢にて取籠《こめ》られ候儀は樊噲《はんかい》にても罷《まか》りなるまじく候、棒の当り候儀は、向《むこう》を切られ候間、少も御不覚に之《これ》あるまじく、双方強み弱みの穿鑿《せんさく》は所の者捌《さばき》、理非なく其扱《そのあつかい》に御附《おつき》候様《よう》に

要約すると――あなたが刀を抜いて相手を斬った行為は十分に勇ましかったが、いかんせん多勢に無勢で取りおさえられてしまいました。たとえ樊噲《はんかい》のような豪傑でも、あのときはああなるしかなかったでしょう。相手の者に棒で打たれ（恥辱を与えられ）たといっても、あなたの方は相手の額に斬りつけているのですから、少しも「不覚」なことはありません。あなたと相手側のどっちが強かったとか弱かったかの吟味は、所の者にお任せ下さい。

こうして喧嘩の事後処理に入っていくのであるが、それにしてもなんと細心に武士の面《めん》子《つ》を配慮した仲裁の言いまわしだろうか。裏返せば、喧嘩の際に〝残る所（気後れなど）〟や〝不覚〟〝弱み〟をみせることは、武士にとって致命的な越度《おちど》となりかねなかったのである。

急を知って芦野宿にかけつけた三十郎の同僚たちがまず気にしていたのも、この点だった。後日、藩の取り調べの際、彼らは「三十郎ひけをも取り候はば異見をも仕《つかまつ》り、腹を切らせべしと存じ、早々芦野へ参り……」と、三十郎がひけをとっていたら腹を切らせるつもりだったと供述している。ひけをとったという事実の確認はできないが、三十郎は、頭《かしら》（上司）の差し図で会津に帰ることなく腹を切らされてしまう。

その後同僚たちの間では、この事件にどう対処すべきかで意見が分かれた。こちらは三十郎を切腹させたのだから、相手の平林内蔵助側も当事者を処分するようにかけあうべきだ、仲間の喧嘩の相手を見のがしたら男がすたると強硬派は息巻いたが、結局、事が大きくなっては殿様に迷惑をかける、ここは殿様のために堪忍するようにという自重派の意見が通り、会津藩の人々は米沢藩家中と紛争を生じることとなくことを済ませた。

ところが彼らのとった行動が江戸の藩邸に伝わると、その是非をめぐって物議がかもし出された。彼らを批判したのは家中の評判、藩士たちの間の〝世論〟である。

非とされたのは、芦野宿にかけつけた彼らがまっさきに三十郎に対面して事情をたださず問屋に聞きにいった点で、それが「身分に似合《にあわ》ざる（武士らしくない）」という。

彼らにしてみれば、芦野宿に着いた当座は三十郎の居所がわからなかったし、直接会いにいけばことがどう拡大するかもしれない、だからまず問屋に会って事件の情報を入手しようとしたのだが、紛争の拡大を恐れるあまり三十郎の言い分をまず聞こうとしなかったことが、江戸藩邸での評判を悪いものにし、藩としてもついになんらかの処分を与えなければならなくなった。

事件をめぐって藩の態度は揺れ動いた。もしこのような事件にはかかわらないほうがよいといえば、今後同様の事件が生じたとき、会津藩士は見て見ぬふりをして通りすぎるようにならないともかぎらない（それでは臆病《おくびょう》な家中という汚名が広がるだろう）。かといって、このような場合は、直接喧嘩の当事者に会って事情をただし善悪を見届けよと申し渡したら、自重派が危惧《きぐ》したように、ことをあらだててしまう可能性が大きい。

ではどう裁くべきか。評議を重ねたすえ藩が示した裁定は、信じられないほど姑息《こそく》でその場しのぎのものだった。すなわち今回の事件で三十郎の同僚たちがとった行動の是非は、とりあえず問わない、ただ取り調べの際に彼らの間で供述内容にくい違いがあった一点を咎《とが》め、一人を切腹、一人を追放、二人を改易《かいえき》（武士身分の剝奪《はくだつ》）にそれぞれ処分し、事件を落着させてしまうのである。

右の事件では、藩という組織のなかで、組織を運営する合理的な規準とは異質の論理、規範意識が激しく自己主張している。〝強み・弱み〟とか〝ひけ〟〝不覚〟〝男〟など本来客観的に判定しにくい武士社会の論理が、ややもすれば組織としての藩の裁定を揺さぶる。藩の法、組織のなかで、武士としての倫理・規範とバランスをとりながら身を処していくことは、当時なかなかむずかしかったといえよう。

〝柔弱〟の罪

時代が下るが、享保《きょうほう》七年（一七二二）におきた不倫妻一件も、こんなむずかしさを余すところなく物語っている。

赤羽源之丞《げんのじょう》はかねてから妻に不義（不倫）の疑惑を抱いていたが、召仕いと妻の間でとりかわされた恋文を発見し、疑惑は確信に変わった。激昂《げっこう》した源之丞は妻を殺害し、妻の実家から死骸《しがい》を引きとりにきた義弟たちの前で、不義の次第を読みあげた……。

この一件を調査した会津藩の目付《めつけ》たちは、次のような「存寄《ぞんじより》」（所見）を上申した。

まず源之丞がとった行動について――
①ほかにやり方もあるのに妻をただちに殺害したのは「上を不レ重《おもんぜざる》仕方に候（藩を軽ん

じた処置である)」。

②妻の弟たちを呼び、一族の者たちが並み居るなかで姉の死骸を見せたうえ不義の次第を読みあげたのは、「目前に恥辱を与え候致方《いたしかた》(ことさらに辱《はずか》しめるような振舞い)」で、士《さむらい》に似つかわしくない。

一方殺された妻の弟たちについても——

③姉の汚名を流布されたうえ目前に死骸を見せつけられたら、「怨《うらみ》骨髄に徹し」て源之丞を姉の敵《かたき》と思わなくてはならない。ふだんの場合なら礼儀を守っているのが人倫にかなっているが、このような場では是非にも憤りを晴らそうとするのが「士《さむらい》之道」ではないか。なのに姉の死骸を黙って請けとって帰るなぞ、そんな「柔弱《にゅうじゃく》」者では、いざというとき主君の恩に報いることができようか。

つまり不倫の妻を軽率に殺害したうえ義弟たちに恥辱を与えた源之丞も、姉の死骸を目の前に突きつけられてすごすご帰った弟たちも、ともに武士の道に反するというのである。ところがこの「存寄」をうけて行われた家老たちの評議の結果は、全く異なるものとなった。

❶たしかな証拠を見つけたうえで不倫の妻を殺害した源之丞の行為は、上を軽んじているとはいえない。逆に、上を軽んじてはならないといって藩に妻の不倫を上申するよ

うでは、「却《かえつ》て柔弱の咎遁《とがのが》れ難」い。

❷源之丞が妻の弟たちに不倫の顚末《てんまつ》を読み聞かせたのも、事情を隠さず述べたのであって、恥辱を与えようとしたわけではないから、「士に似合《にあわ》ざる仕方」とはいえない。

❸姉が「婦道の罪」を犯したのは明らかなのだから、召仕いと不倫の関係をもった姉が討たれたからといって源之丞を討ったとしたら、それは道理をわきまえない「理不尽」な行為である。だから静かに帰った弟たちは「士たるの道欠き候」ことはなにもない。

まさに一八〇度の転換である。

ここで問題となっている〝柔弱〟という行為は『家世実紀』にしばしば登場する〝罪〟の一つだった。

寛文三年（一六六三）、水野 某《なにがし》は悪口を吐いたといって百姓を殺したが、相手が百姓なのだからみね打ちでも済むところを即座に斬り殺したのが「柔弱なる致方《いたしかた》」であるとして改易処分、つまり士分を奪われたうえ、主君から拝領した所領、家禄《かろく》、屋敷ともに没収されている。

また安永《あんえい》七年（一七七八）には、やはり悪口を述べた町人を手討ちにしようとした目付役の息子が、討ち損じたうえ刀を奪い取られたことが「士の悴《せがれ》に似合わ」ぬ〝柔弱〟者であるといって「退嫡」処分（家督継承権の取り消し）になっている。彼が当時まだ十三歳の少年であったにもかかわらずである。

武士が〝柔弱〟と判定されれば、おおよそこのような処分が予想されるのであり、源之丞や義弟たちにとって、藩の裁定が目付「存寄」と家老「評議」のどっちに揺れるかは、たんに名誉とか面子《めんつ》とかをこえた致命的な問題であったに違いない。

そんな重要な問題なのに、藩当局の内部でこんなにも鮮やかに見解が対立してしまう。いかに武士（男）は〝士の道〟（原理）を守らなければいけないといっても、これでは困ってしまうのである。

噂が武士を襲うとき

藩の裁定を動揺させた原因の一つは、芦野宿の一件でみたように、こうした問題に対する「家中の評判」――武士仲間の世論の影響の強さにあったように思われる。

延宝《えんぽう》二年（一六七四）、秋田太左衛門《たざえもん》が武士道に欠ける振舞いをしたという風説が藩内に流布した。六年前に喧嘩が起こったとき、寺で酒宴に加わっていた太左衛門は、喧嘩を聞きつけその場にかけつけたが、すでに喧嘩が終っていたので寺へもどった、その行動が武士道に反するというのである。

これがどうして武士道に反するか、よくわからない。喧嘩の場にかけつけるのが遅れ臆病と判断されたのか、あるいは喧嘩の場からとって返して寺で飲食したのが批判されたのか、この点について『家世実紀』は具体的な記述を欠いている。

ともかく事件後六年もたってから、このときの行動が問題とされたのである。もう一つ付け加えれば、風説が流れた延宝二年、太左衛門はすでにこの世の人ではなかった。つまり彼の武士道は死後になって問われたのである。

今日なら死者をいたずらに辱しめるなといって、噂は噂のままいつか忘れ去られてしまうかもしれない。しかしこの場合、太左衛門のあとを継いだ吉太夫《きちだゆう》にとって、死後の噂は家の存続にかかわる重大事だった。なぜなら「其《その》親御奉公未練《みれん》の者は勿論の儀、傍輩《ほうばい》へ対し候ても侍の吟味を失い、或は男道《おとこどう》の欠け候者の跡……跡式《あとしき》御立てなさるべき様之《これ》なし」——親が武士として未熟者であったり「男道」に反した場合、その家は断絶にするというのが藩の方針だったからである。

いきおい藩の調査もことこまかく実施されたが、証拠不十分、太左衛門の知行四百石は無事吉太夫が継承する。風説はそれ以上なにも波紋を広げなかったようである。

噂が武士を襲うとき、しかしいつも無事におさまるとはかぎらない。慶安《けいあん》二年（一六四九）の惨事は、その顕著な一例であろう。

　ことのおこりは、本当に些細《ささい》なことだった。藤沢縫殿之助《ぬいのすけ》と大館惣左衛門《そうざえもん》が連れだって歩いていた。途中懇意の僧と出会ったので、惣左衛門はわが家に立ち寄るよう挨拶《あいさつ》し、「でも倅《せがれ》の兵四郎《へいしろう》はまだ寝ているに違いない」と付け加えた。それを聞いて……

縫殿之助「いい若い者がまだ寝ているなんてけしからぬ。意見しなければいけませんよ」

惣左衛門「息子といってももう成人《おとな》だから頭ごなしに叱りつけるわけにもいきません」

縫殿之助「叱らないまでも意見くらいはしなければ」

……うんざりするほど日常的な会話がやりとりされた。

ところが同じ日の七ッ半時（午後五時ころ）になって状況は一変する。くだんの寝坊息子兵四郎が白装束で縫殿之助宅を訪れ、よくも自分のことを悪く噂したなといって食ってかかった。縫殿之助がどう宥《なだ》めてもおさまらない。ついには刀を抜いて斬りかかってきたので、縫殿之助はしかたなく兵四郎を切害してしまう。また兵四郎に加勢してやってきた志賀半次郎は勝手口から押し入って、縫殿之助の倅甚三郎《じんざぶろう》に傷を負わせたが、これも討ちとめられてしまった。懇意な親の間で漏らされた息子の寝坊をめぐるやりとりも、それが悪い噂、評判の言い触らしと解釈されたとき、予想だにつかない惨劇を現出させたのである。

武士とお供（『江戸雀』国立公文書館蔵）

この事件に対する藩の処置はといえば、まず縫殿之助に即日切腹を申し付けた。兵四郎はすでに死んでおり、縫殿之助の供述は、たとえそれがどのようなものであっても「片《かた》口《くち》」、つまり一方的であるからというのである。

今日からみるとずいぶん縫殿之助側に不利な裁定のようであるが、兵四郎側、とりわけ兵四郎に荷担して命を落した半次郎の仲間たちは、これでもおさまらなかった。彼らはいう。兵四郎の命は縫殿之助の切腹で償えるが、半次郎の命は縫殿之助の悴甚三郎に腹を切らせなければ償えない、と。半次郎の仲間である御供番の面々は、頭《かしら》を先頭にたてて「強訴」におよび、縫殿之助の屋敷には藩の裁定に不満を唱える家中の者たちが駆け集って混乱状態になったという。

藩側は甚三郎も切腹させよという要求にはさすがに屈しなかったが、かといって家中の評判を無視することもできなかった。甚三郎の腹を切らせない旨を申し渡したのち、「左《さ》は候へども脇々《わきわき》より申所《もうすところ》道理に候はば、縦何様《たとえいかよう》の者申候とも、其旨《そのむね》御用ゐなさるべく（そうはいっても、この件について道理にかなった意見があれば、たとえ誰の意見でも採用する用意がある）」と付け加え、家中の〝世論〟を宥《なだ》めなければならなかった。

享保十二年（一七二七）、笹原与五左衛門《よござえもん》が藩主の命に頑《かたく》なに抵抗したのも、家中の評判を気にしたためであったという。この年、与五左衛門は、かつて藩主から賜わった女中お市の方を返上するよう迫られた。藩主の嫡子たちが死んで、お市が産んだ長菊が嫡子となったことから、御生母お市はもはや与五左衛門の妻であり続けることができなくなったのである。

突然離縁の命をうけても、お市とはすでに子までなしており、与五左衛門としては愛執の念容易にやみがたかったに違いない。しかしそれ以上に切実だったのは、もし唯々諾々《いいだくだく》と藩命にしたがって妻を返上したら、仲間の武士たちが自分のことをどう評判するかという心配だった。

与五左衛門は藩命といえどもなかなか離縁に踏み切れない。そんなことをしたら「傍輩《ほうばい》へ対し面目を失ひ候」「刀をも一同に差置《さしおき》候者も之《これ》有るまじき」——人並の武士として仲間づきあいをしてくれなくなるというのである。

とにかく武士は、噂とか仲間の評判に神経質なほど敏感だった。会津藩にかぎったことではない。尾張《おわり》藩に仕える朝日《あさひ》重章《しげあき》の日記『鸚鵡籠中記《おうむろうちゆうき》』にみえる朋飼《ほうかえさ》左平治《へいじ》の次のエピソードも、こうした武士社会の習性をこれ以上ないほど克明に示している。

左平治が雨傘をさして路《みち》を歩いていると町人が突き当った。左平治が咎めたにもかかわらず、町人はそのまま行き過ぎようとする。その無礼に怒って町人を手討ちにしようとしたが、無腰の者を切り捨てるのも不本意な気がする。そこで自ら差していた脇差《わきざし》を抜いて相手に渡して立会いの形をとろうとした。しかし敵もさるもの、脇差を奪って逃げ去り、のみならず「余《わ》れ左平治をふみたり（左平治を打ち負かした）」と触れ廻《まわ》った。

町人のいうことはもちろん出鱈目《でたらめ》である。しかしひとたび評判がたったらとりかえしがつかない（少くとも左平治はそう思い込んだ）。書置して出奔した左平治は、その後町人の家をつきとめ、女子供まで撫《な》で切りにする。まるで評判が事実無根であることをくどくど説き明かすなど〝柔弱〟な振舞いで、直接報復行動をおこすことこそ、武士道にかなっているとでもいうかのように。

武士にとって武士としてのアイデンティティ（証明）を維持することは、たしかに重要である。だからといって過剰な情動や破滅と背中合わせの武士道、男道がそのまま放置されたら、徳川の平和は血なまぐさい日常の連続になりかねないだろう。だいいち武士たち自身、不倫妻の弟たちの例が示唆するように、どう行動したらいいか判断に困ってしまうに違いない。平和のなかで、危険と困惑に満ちた日々をすごさなくてはならなくなるのである。

もちろん幕府や各藩は、殉死や喧嘩を禁止して武士道のいきすぎた自己主張に歯止めをかけるだろう。しかし上からの規制ばかりではなかった。同時に武士社会の内部からも、平和な世の中でどのように身を処すべきかを自問し、過激な武士道に自己規制を加える風潮が生まれくる。

『武士としては』

『武士としては』という書物を繙《ひもと》いてみよう。この書は奥書《おくがき》に「盛正」という名が記されていることから『盛正記』とも呼ばれている。いつ成立したかはっきりしないが、一節に「常憲院《じょうけんいん》様御代……」と五代将軍綱吉《つなよし》の時代（一六八〇〜一七〇九）の逸話が紹介されているので、少くともそれ以降に成立したことは疑いない。著者も「盛正」という以上詳《つまびら》かでない。とりあえずはっきりしているのは、本書が記された目的だけである。すなわち著者盛正が終りのところで、「我六十六歳までなす事もなく勤めたるわさ（業）もなし、せめて心に思ひ人のはなしを聞てつく〲考るに」と述べるように、本書はとりたてて功績も特技もない一人の武士が退隠後に旧聞や体験を綴《つづ》ったもので、一種の武家教訓書の体裁をそなえている。

はたして本書の冒頭は、「武士としては、智仁勇の志そなはらすしては全《まった》き武士とはいひ難し、日夜朝暮に此《この》智仁の志をね（練）りきた（鍛）ひ道理にそむかさるやうに油断なくみか（磨）くべき事也」と、きわめて一般的な教訓で始まる（『武士としては』という表題はこの冒頭の句に由来する）。

続いてもっと日常的な教訓、たとえば「夜ははやくいね（寝）て朝ははやくおくべし」とか「家庭内の掃除も端〱《はしばし》人の見ぬ所に気を付け掃除すべし、雪隠《せっちん》なをさらきれいにする物也《ものなり》」といった箇条が記されているが、これらはとりわけ武士として心がけなければならない事柄でもないようである。「野山にて大小用をなすとも日なた《向》をいと（厭）ふべし、虫類にかけぬ様に跡先《あとさき》をみて用を達すべし」なども、野山で大小便を済ませるという点わずかに戦時の状況をうかがわせるが、それにしてもわざわざ記す必要もないんじゃないかと思えるほど生活的些事《さじ》に属している。

もちろん本書は、武家教訓物がしばしばそうするように、過ぎ去った戦国の世の美談や武辺咄《ぶへんばなし》を紹介することも吝《やぶさ》かではない。給料が少いのを不満に思って一度家康《いえやす》の配下を去った石川某が、三《み》方ヶ《かたが》原《はら》の戦いで敗色が濃いのを伝え聞いて再び家康のもとに参じた話なども、侍の意地にまつわる美談として採りあげられている。

しかし本書が興味をひくのは、こんな遠い過去の時代の回顧や行住坐臥《ぎょうじゅうざが》の生活知ではない。それは、本書が、具体的な事例を挙げながら、現在武士としてどのように身を処すべきか、すぐれて同時代的な視座から述べている点にある。

ある日突然の武士道

たとえば、なにげなく街を歩いているとき向うから追手を背にした者が逃げてくる。当然必死の形相で疾走してくるに違いないし、手には抜身《ぬきみ》を握りしめているかもしれない。そんな状況に遭遇《そうぐう》したとき、武士としてどう対処すべきかについて、『武士としては』はさまざまな事例を挙げている。以下、引用は少し煩わしいが、できるだけ具体的にみていこう。

a　或《ある》人大路を行けるに、向より逃《にぐ》る者追来て、「夫〳〵《それ!それ!》其《その》者を討て給《たまわ》り候へ」と「頼む」とよは（呼）わりたり。「心得たり」とて彼《かの》にく（逃）る者を何の手も無く切殺す時に、前《さき》に「頼《たのむ!》」と詞《ことば》をかけたる者、いづくへはづしたるや行方《ゆくえ》知れず。とやかくする内に所の者立出《たちいで》、かの頼れて切たる者を捕へて、「子細なくば切玉《たま》はじ、其方をのがさじ」と云《いい》て奉行所へ連行《つれゆき》けるに、申わけ立がたく切腹したりとなり。

大通りを歩いていると、向うから追われて逃げてくる者がいる。追手《おって》の侍が「頼む！

その者を討ってくだされ」と声をかけたので、「心得た」といって逃亡者を殺害したところ、頼んだ追手の者はいずくともなく姿を消してしまい、切り捨てた武士は弁解のしようもないまま一殺人者として捕えられ、果ては切腹に追い込まれたというのである。「人の『頼む』と云《いう》事、身にかへて心づかい申され候事」(『葉隠』)というのが武士の作法であったとすれば、「頼む」といわれ「心得たり」と応じたかぎりは、武士としては逃亡者を討ちとめないわけにはいかなかったのかもしれない。しかし武士の作法も、江戸の街角では、あくまで幕府の公法の枠内でのみ許されるにすぎない。いくら「侍の一言《いちごん》金鉄より堅く候」(同前書)と、いったん口に出した武士の一言がその後の行為を強く拘束したとしても、作法は公法に違反しないように実行されなければならないだろう。そこで著者は、aの失敗を踏まえたうえで、もっと賢明な対処の仕方として次のような例を紹介する。

b又《また》或人、前の如く頼《たのまれ》しに、「心得たる」とて追かくる者の間近く来るを見合《みあわせ》て、逃《にぐ》る者を一太刀に討て、扨《さて》追来る者をとらへて、「其方頼《そのほうたのみ》により討たり、其方の主人は誰にて有や、事の由を聞き届くべし」と云《いい》、彼《かの》追来りし者「いかにも我頼申たるに紛《まぎれ》なし」とて所の者にも断《ことわり》、首尾能埒明《よくらちあけ》しと也《なり》。

状況はaと全く同じである。しかし今度は、逃亡者を切り殺したあとで、すぐ追手の者をつかまえ、主人の名と逃亡者を追いかけるに至った経緯をただしたうえ、「所の者」、町の人々や辻番人《つじばんにん》たちの前で、たしかに自分が殺すよう頼んだと証言させたという。こうすれば、事情を知らない所の者たちも納得するからaのような悲劇を招かず、武士の作法にも背かずにことを済ますことができるだろう。

トラブルは、しかし次のような場合にも起こった。

c又有(或)所にて、前のごとく「夫〳〵頼」と云しを、「心得たり」とて向うより来る人刀を抜て迯《にげ》来るを一討に切殺したり。追かけし者来て、「扨《さて》々不慮成《ふりよなる》事哉《かな》、『それ頼《たのむ》』と申たるは、とら(捕)へて給はれと申事也。切て給はれとは申さず、存外なる事也」とて越度《おちど》にせしと也。とかく迯《にぐ》る者を追て「頼《たのむ!》」といふ時は、切かとら(捕)ゆるかを追来る者に詞《ことば》を懸《か》くべき事也。

「頼む」というから逃亡者を討ったところ、頼むといったのは捕えてくれということで、殺してくれとはいっていない。とんでもないことを仕出かしてくれた、と責められた例である。こんなこともあるから、頼むといわれたら、まず「斬るのか捕えるのか、どっちなのか？」と問い返したうえで対処せよというのである。

しかし焦眉《しょうび》の状況下で、これではあまりに不手際ではないか。ならばどうする？

d又有所にて、前の如く逃《にぐ》る者を追て来る者、「夫〳〵頼」といひ来る。向より来る者、「心得たり」とて彼逃る者に云く、「随分足早に逃るべし、其方に意趣《いしゅ》なし、頼《たのまれ》たれば拠《よんどころ》なし、我も追懸《おいかく》べし、其方《そのほう》を切害する心曾《かつ》てなし、早く逃よ」といひて其身も同じく、「やれ逃《にげよ》〳〵」と云て共に走行て、いっち（何処）共なく行しと也。

ひるがえって考えれば、いくら「頼む」といわれ「心得たり」と応《こた》えてしまったからといって、もともと個人的になんの意趣（恨み）もない見ず知らずの逃亡者を殺さなければならない理由は、なにもないはずである。しかもaやcの例のように、思わぬいざこざに巻き込まれる危険性を考えれば、なおさらである。だからdの武士は、一応は「心得たり」といっておいてから、逃亡者の耳元で「早く逃げろ」と囁《ささや》きながら、自分もそれを追いかけるふりをして姿を消してしまう。一見許しがたい瞞着《まんちやく》行為のように思えるこの例は、少くともうわべは武士の作法に違反せず、しかも街角を支配する公法に触れることもない、賢明な対処法であった。

著者はこのほかにも〝賢明なる瞞着〟の例を挙げている。たとえば「頼む」と声をかけられた武士が老人であったならば、

e又有老人、途中にて前の如く向より「頼」と申て追懸《おいかけ》来る。迯る者も足早に迯来る。老人、「頼む」と申に向《むかい》て右の方の耳にゆひ（指）をさし、「何と申さるやらん、我つんほ（聾《つんぼ》）にて聞わけぬ」といふ躰《てい》にもてなし、迯る者間近く来ると、袴《はかま》の股《もも》立《だち》を取《とり》ながら「耳遠きによりて訳聞《わけきこ》えず、訳が聞えて討か取（捕）か慥《たしか》に頼まれては是非なくたの（頼）まるゝぞ」と独言《ひとりごと》いひながら、追懸者に、「我はつんほ也、何と御申候や聞わけず」と申て、其場を済《すま》したると也。

「頼む」と声をかけられても、老人なので耳が遠くてよく聞き取れないふりをする。「殺してくれというのか捕えてくれというのか、はっきり聞き取れたら望み通りにしてやれもしようが……（なにせよく聞こえぬので致し方ない）」とぶつぶつひとり言をいいながら、その場をやりすごしてしまう、文字通り老獪《ろうかい》な振舞いである。

右の場合は凶変に出くわしてしまったのが老人だから、まだしも頷《うなず》ける面もあるが、次の例など、どこか一休咄《いっきゅうばなし》に相通ずるような諧謔味《ユーモア》すら漂わせていないだろうか。

f又有者、前の如く「頼」と詞《ことば》を懸《かけ》られて、「心得たり」と路の真中に立て、「我立たる左の方は頼《たのみ》ゆへ通すまじ、右の方を通りてとを（通）るは存ぜずぞ」と断て、召仕《めしつかい》をも我《わが》立たる左の方へならべ、袴のもゝ（股）立を取、刀にそり（反）打て、逊る者に目を付居たり。逊る者も其詞《そのことば》を聞し故、立たる者の右の方を足早ににけ（逃）け通りたり。追懸る者に「御頼故《おたのみゆえ》約束の方をかた（固）めたり」と断《ことわり》候由《よし》。

ほとんど趣向を同じくするが、もう一つ、左のような例も紹介されている。

g江戸糀《こうじ》町にて、有（或）者馬上にて行時、向より咎人《とがにん》を追来り、「頼む、止《とめ》て給《たまわ》れ」と言葉をかくる。其時、馬より飛おり鑓《やり》を取て、「心得たり、此《この》道はとを（通）さぬが、目をあけて通れ」といふ。咎人、横小路有けるに、其方へ退《のき》行しと也。

袴《はかま》の股立《ももだち》をとり刀の反《そり》を打ち、いかにも一太刀交える格好をしながら、その実、逃げてきた者に、自分は路の左半分を固めているから右側を通って逃げよとほのめかし（f）、あるいはこの通りは通さぬが横道を通って逃げる分にはわれ関せずというのである（g）。明らかに言葉をもてあそんだ詐欺行為、瞞着ではないか。

ところがg例のような対処法は、「尤《もつとも》なる挨拶、能仕方《よきしかた》と評判ありし（道理にかなった応対で、とてもうまい対処法だ）」と、同時代の武士たちの賞賛を博したという。

実は『葉隠』のなかにも、同じような状況下におけるエピソードが載っている。夏目隼人《はやと》は江戸日本橋《にほんばし》で殺人者二人と出くわした。彼らの背後から「御留《おと》め下され候へ」と声がかかったので、隼人は「手に余り候はば切捨も苦しからずや」と確認し、「苦しからず（構いません）」という返答をまって一人を斬り捨て、もう一人も見事に捕り押えた。

またある侍の場合は、大坂で殺人者と遭遇した。やはり追手が「御留《とめ》下され候へ」といったので、彼は逃げて来る殺人者を斬り殺してしまう。するとc例さながら、追手の者は誰も殺してくれとは頼んでいないと責めたが、この侍は「留候へと申に付、切とめ申候」とつっぱねたと記されている。さすが『葉隠』にとりあげられる武士たちだけあって強い。武士の作法はこともなげに貫かれてしまう。

しかし圧倒的多数の武士たちは〝葉隠武士〟のように強いわけではないし、時代が下って戦場の記憶が薄れるにつれて、ますますそうなるだろう。そうではあっても、武士としては、どんなに平和を満喫していようとも、うわべだけでも武士の作法を遵守《じゅんしゅ》し、自らのアイデンティティを立証しなくてはならない。『武士としては』は、そんな普通の武士たちに捧《ささ》げられた武士道教訓書なのである。

〈職場〉の作法

二つの風潮

武士の道や意地を至上の倫理として死や闘争を辞さない風潮と、組織や街角で平和な生活に順応していこうとする風潮、この相反する風潮の共存とせめぎあいのなかから、武士社会の新しい作法が形づくられていく。

新しい作法は幕府や藩によって上から強制される場合もあれば、武士社会内部で自発的に醸し出されることもある。いずれの場合にせよ、その変化の軌跡は、十七世紀から十八世紀初頭にかけてもっとも顕著なように思われる。

以下本書では、守山藩《もりやま》という小藩の江戸藩邸日記『守山御日記《もりやまごにっき》』を中心に、会津藩やある旗本の記録を随所にはさみながら、十七世紀後半を中心とした武士社会の新たな展開を、ごく具体的な事例を挙げながらみていくことにしよう。

まず『守山御日記』について、その概略を述べておかなければならない。

守山藩は、水戸《みと》徳川家の祖頼房《よりふさ》（家康の十一子）の四男で徳川光圀《みつくに》の弟にあたる松平頼元《よりもと》が、寛文元年（一六六一）に本家の水戸藩から常州額田《じょうしゅうぬかた》の二万石を分与されることで藩として成立した。その後元禄《げんろく》十三年（一七〇〇）、二代藩主頼貞《よりさだ》のときに、奥州田村郡《おうしゅうたむら》、常州鹿島《かしま》郡などに二万石を賜わり額田二万石を水戸藩に返上。以後、陣屋《じんや》が守山（現在の福島県郡山市《こおりやまし》）に置かれたことから、同藩は守山藩と呼ばれることになった（本書では煩雑をさけるため、元禄十三年以前も守山藩と呼ぶことにする）。

『守山御日記』は、頼貞を嗣《つ》いだ頼寛《よりひろ》（頃公《けいこう》）の代、享保十三年（一七二八）に編纂《へんさん》された江戸藩邸記録である。『守山頃公世家』によれば、頼元が初めて額田に封を得た寛文元年から、頼寛が出生した元禄十六年まで（一六六一〜一七〇三）を時間的射程におさめ、その間の藩の記録を古老の見聞で補いながら編纂された。各記述には典拠となった記録が付記され、内容に関する存疑も細かく注記されている。この申し分のない史料のただ一つの瑕瑾《きず》といえば、享保期の編纂物であること、すなわち十八世紀からの回顧という成立事情だが、全一七五冊からなる『守山御日記』は、その点を補ってなお余りあるほど興味深い内容に富んでいる。

遅刻・欠勤規定

最初に『守山御日記』（以下『御日記』と呼ぶ）にみえるさまざまな作法のうち、日常的なもの、勤務に関する作法に注目してみよう。

　およそ勤務上のいろいろな怠慢行為のなかで、最も一般的にみられるのは遅刻と無断欠勤ではないだろうか。大塚《おおつか》（現在の東京都文京区《ぶんきょうく》内）にある守山藩邸で勤務（奉公）する藩士や足軽小者たちの場合も例外ではなかった。

寛文十二年（一六七二）四月九日早朝、藩主が外出するというのに、お供に従うはずの石野半左衛門（中小姓《ちゅうごしょう》）、領山又八（同）、向坂源八（御徒小頭）の三名がいつまでたっても現われない。しびれを切らした一行は三人を置いたまま藩邸を出立、半左衛門と源八は途中で一行に追いついたが、又八はついに姿をみせなかった。のちに又八に問いただしたところ、「御出《おいで》の先を存ぜず相尋ね候」——殿様が一体どこに出かけるのか知らず、他の者に行先を聞いているうちにとりのこされてしまったということであった。

当然、処罰問題である。又八は当初「逼塞《ひっそく》（門を閉ざし白昼の出入を禁止する）」が妥当とされたが、亡父の長年の精勤が考慮され今回だけはお咎《とが》めなし、源八についてはなにも記されておらず、半左衛門には、遅刻の儀「不調法」、以後十分気を付けるよう申し渡された。

この出来事は守山藩邸の歴史のなかで重要な意味をもっていた。というのは、この三人の遅刻・欠勤がきっかけとなって、遅刻に対する罰金規定が設けられることになったからである。すなわち、今後は「御供触《おともぶれ》（お供に出るよう告げる合図）」、「揃触《そろいぶれ》」の太鼓の数を明確にしたうえ、遅刻の場合は次のような地点に一行がたどり着くまでに追いつくよう、追いつかなければ、「御徒《おかち》」以上は銭五百文、足軽以下なら三百文の過料《かりょう》（罰金）をそれそれぞれ徴収すると定められた。

一 安藤対馬守殿門前切《ぎり》
一 光岳寺表門前
一 光岳寺裏門切
一 小石川橋切

右はいわば遅刻罰金規定のための空間設定にほかならない。安藤対馬守の屋敷は現在の春日《かすが》通りをはさんで守山藩邸と向かい合っており、光岳寺《こうがくじ》もごく近隣の寺である。大ざっぱなところ半径数百メートル以内の地点で一行に追いつけばよい。なお、この空間設定＝「御供外《おともはず》し過料の場」は、延宝元年（一六七三）に改正され、小石川《こいしかわ》橋切は氷川下辻番《ひかわしたつじばん》切、光岳寺裏門切は智光寺（智香寺）裏門切と改められている。

〝御供外し〟――藩主らの一行に遅れることは、藩邸から外へ出かける場合だけでなく、逆の場合にも起こりえた。元禄十三年（一七〇〇）四月十五日、藩主が江戸城に登城した帰途、どうしたわけか雨宮理右衛門《りえもん》（中小姓）はお供に遅れてしまい罰金を科され、足軽や中間《ちゅうげん》たちもそれぞれ三百文、百文の罰金を支払わされている。

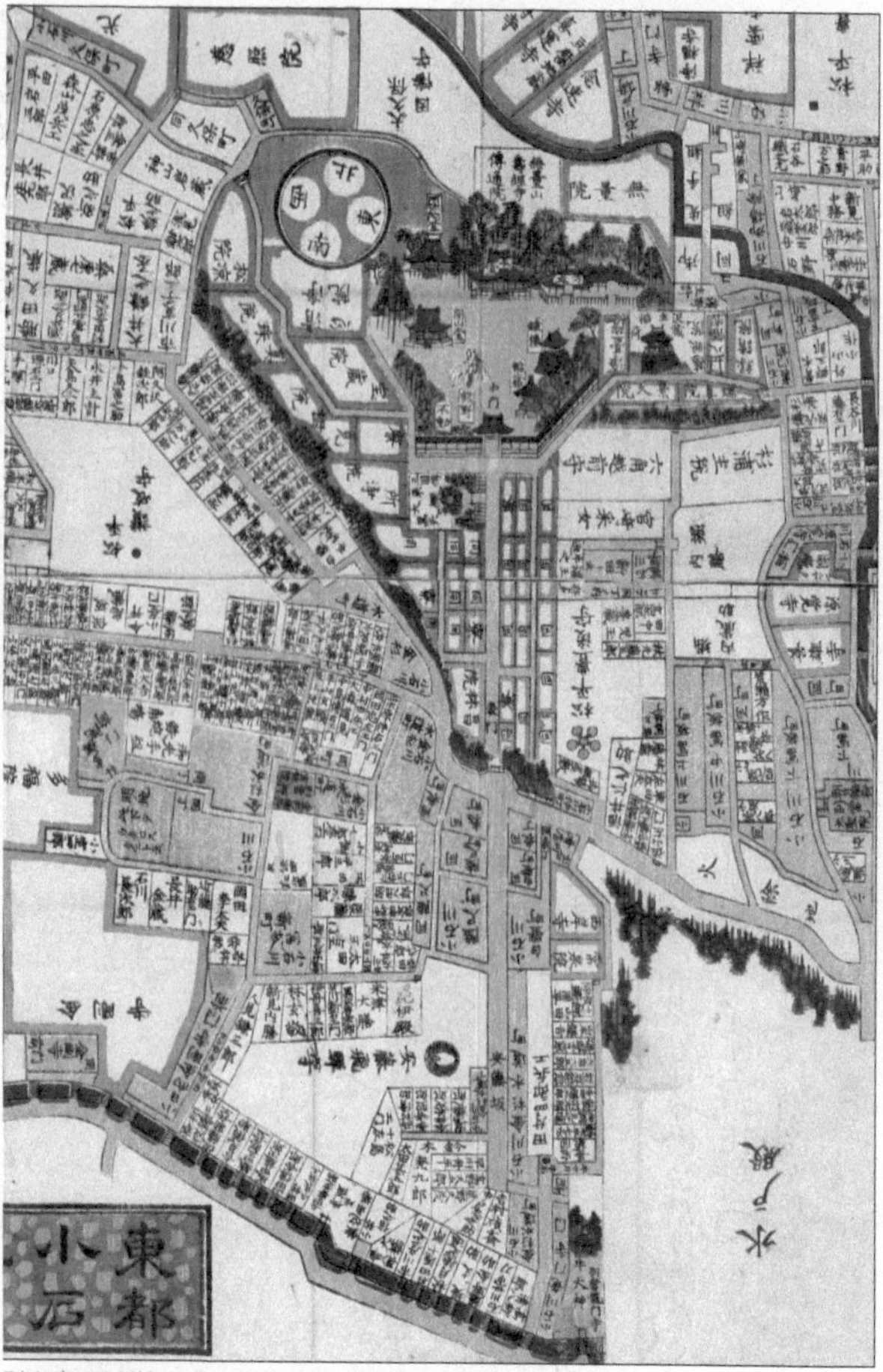

別文庫室所蔵)　左上隅「松平大学頭」が守山藩邸

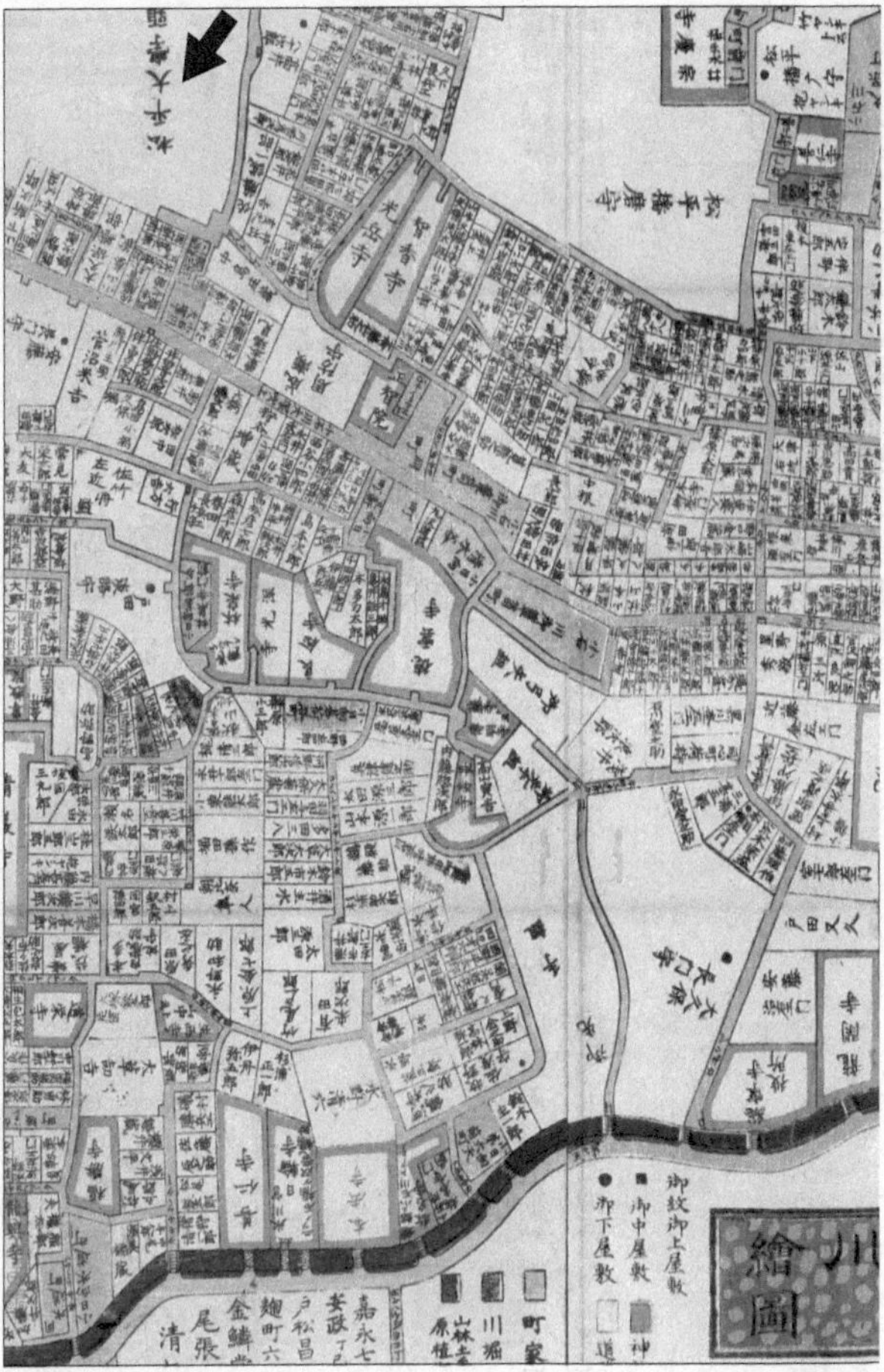

守山藩邸付近の図（江戸切絵図のうち「東都小石川絵図」都立中央図書館特

遅刻・欠勤の対極にあるのが皆勤《かいきん》である。御供外しの罰金規則を設ける一方、守山藩ではいわゆる皆勤賞の規定も整備する。元禄十一年十一月の「皆勤御定《おさだめ》」は次のようなものであった。

一 煩《わずらい》三日までは皆勤に成《なす》
一同四日より六日までは上勤に成
一同七日より十日までは中勤に成

「煩（病欠）」が三日間以内なら「皆勤」とみなし、四日から六日なら「上勤」で、七日以上十日以内なら「中勤」とされる。そして中勤以上、つまり病欠十日以内なら「御褒美」が与えられる。

御刀番以上
皆勤＝白銀一枚、上勤＝巻上下《まきかみしも》二具（代りにて相渡し候はば一具につき銀十七匁《もんめ》づつ渡すべし）、中勤＝巻上下一具

御刀番以下

皆勤＝絹一疋《ぴき》（代りにて渡し候はば金二分二朱づつ渡すべし）、上勤＝金二分、中勤＝金一分

「御刀番」が藩邸の勤務者全体のなかでどのくらいの地位なのか、はっきりしない。各役職の者に与えられた「御長屋」（住居）の間口を記した「御家中御長屋割御定」によれば、家老は別格として、用達《ようたし》が十五間（約二十七メートル）で一番広く、以下番頭《ばんがしら》十間、用人《ようにん》九間、小姓頭八間の順で、草履取《ぞうりとり》や足軽に至ってはわずかに九尺しか割り当てられていない。このうち刀番は五間で近習《きんじゅ》や小姓などと同格、勘定奉行（四間半）や医師（四間）よりは格が上である。ともかくその刀番を基準に以上と以下（未満）に分けて御褒美（精勤手当）の額を定めたのである。

御褒美は金銀で下されることもあれば「巻上下」を現物で下賜されることもあり、さらに下賜品は所定の額に換算して金銀で受けとることもできるようになっている。罰金と賞与、アメとムチを明確に算定することによって、藩邸の勤務態度は合理的に管理され始めるのである。

時間厳守の作法

遅刻の管理は、時間を守るという態度と本質的にかかわってくる。

貞享《じょうきょう》二年（一六八五）九月八日に「惣躰《そうたい》御供触《ぶれ》の儀、何時《なんどき》御出あそばされ候共《とも》、仰せ出《い》だされ候刻限に相違なく御供触出し申すべく候」と申し渡されたのも、そんな時間厳守の作法化の一つであろう。藩主が外出するといったら、たとえ何時でも（深夜でも早朝でも）命じられた時間に供触れを出すようにということだが、これによって時刻に縛られるのは必ずしも家来たちばかりではない。一度命じて供触れの時刻を決めてしまったら、藩主のほうも勝手に変更はしにくくなるのではないか。時間厳守の作法化は、同時に藩主らの恣意的《しいてき》振舞いを抑えるものでもあった。

〝時〟が藩邸の生活のなかで重要度を増すにつれ、時間の間違いも処罰の対象となってきた。

まして元禄八年（一六九五）の出来事のように、時の基準である時計を合わせ損った場合はなおさらである。四月のある夜、藩邸の時計を管理する坊主部屋では立賀と円賀の二人が不寝番をしていたが、どうしたことか二人とも寝入ってしまい、このため藩邸の〝時〟は夜明けから狂ってしまった。

取り調べののち両名には「押込《おしこめ》」（一室に閉じこもらせる刑）が申し付られた。少し厳しすぎるようにも思えるが、実は円賀はほんの十日前にも睡魔に勝てず時計を狂わせており、そのときに、今回は許すが「重《かさね》て間違申候はば御免《ゆるし》あそばさるまじき」と申し含めたうえ、当番を二名に増員したばかりの出来事であり、またしてもということで罰は重くならざるをえなかったのである。

少し時代が下るが、同じような例が会津藩『家世実紀』にも記されている。享保六年（一七二一）、会津若松《わかまつ》城の時の鐘が、時計の示す時刻より半時《はんとき》（一時間）も遅れて鳴った。鐘撞《かねつき》の者を取り調べると、今日は八ツの鐘を少し遅れて撞《つ》いたので、それにつれて七ツの鐘も加減して遅くしたのだという。では八ツの鐘が遅れたのはなぜかと尋《ただ》すと、弁当を食べるのに取り紛れていたとの答え。藩は「不調法至極」とて鐘撞を「御給分召放《めしはな》ち」、つまり解雇処分している。

時間というテーマが重みを増してきたのは、藩邸内の自発的方針のためばかりではないだろう。当時、江戸という社会のなかで藩邸のさまざまな用事を処理していくためには、おのずから時間を明確にし時刻を厳守することが必要不可欠となっていた。

たとえば元禄八年八月十六日、町の「日用頭《ひようがしら》（日雇人足の頭）」から「時を相定め」て日雇賃金の額を決めてほしいと「達而《たって》」の要望がなされ、守山藩邸では次のような時間帯別賃金表を作成している。

一、夜六ツより五ツまで（午後六時〜八時）一人
一、同五ツ過《すぎ》より四ツまで（午後八時〜十時）一人半
一、同四ツ過より八ツまで（午後十時〜午前二時）二人

深夜になるにつれ賃金は一・五人分、二人分と加算されるようになっている。労働力が譜《ふ》代奉公《だいぼうこう》のような生涯労働から、年季奉公や日雇のようにしだいに短期化する社会の趨勢《すうせい》のなかで、「時」は、管理する側にもされる側にも、ともに重要性を高めていたといえる。

遅すぎた目覚め

元禄十一年四月二十九日、とんでもない不祥事《ふしょうじ》が生じた。この日の朝六ツ（午前六時）過ぎ、蜂須賀飛騨守《はちすかひだのかみ》が守山藩邸に見舞いに訪れた。門前で門番が開門するのを待ったが門番は「臥《ふせ》り居《おり》」出てこない。玄関番もまだ寝ていて起きない。しかたなく西門へまわったがここの番人も目を覚まさず、蜂須賀の殿様は、とうとう屋敷へもどってしまったというのである。

このことが藩主の耳に入ると、表門番の足軽と切手門番は「押込《おしこめ》」となり、ついで、今

後は、「表御門番、惣躰明《そうたいあけ》六ツに起き申すべく候」と、表門番は午前六時には起床するよう申し渡された。

とんでもない不祥事といったが、考えてみると起こるべくして起こった出来事かもしれない。なぜなら、この出来事がきっかけとなって午前六時起床が明確に作法化されたということは、裏返せば、これ以前には表門番が六時まで寝ていても、さほど重大な過失と認識されていなかったことを示唆しているからである。

ところが貞享四年（一六八七）四月四日の出来事は、正真正銘とんでもない不祥事であった。

若殿にお供して相馬弾正少弼《だんじょうしょうひつ》の屋敷に出かけた面々のうち三人の者が、相馬邸の「奥様御玄関上の間」で、三人ながら居眠りしてしまったのである。その場にいるのが三人だけならまだしも、おおぜい並み居るなかでである。さすがにみかねて、守山藩の御徒《おかち》小頭はなんどか声をかけようと考えたが、そうもいかない。しかしいつまでたっても目を覚す気配すらないので、とうとう三人のところへ歩み寄り、ゆすり起こしたという。ちなみに他家の屋敷で居眠りした三人は閉門を申し付けられている。

勇気をもって目を覚ませ

時計を管理する不寝番が、睡魔に負けて厳しく注意されながら、わずか十日後にいとも簡単に同じ過ちを犯してしまい（しかも今度は二人とも）、表門の門番が、おそらく予《あらかじ》め来訪の予定が伝えられていたにもかかわらず、横になって寝入っている。こと睡眠に関しては、当時の武士社会は今日想像する以上におおらかで、したがって過ちを犯しやすかったようである。

「朝寝」あるいは「昼寝」は、旗本天野《あまの》長重《ながしげ》にとって、当時の武士たちが克服しなくてはならない最も大きな欠点の一つだった。長重が日々書きとめた教訓的備忘録『思忠志集《しちゅうししゅう》』には、朝寝・昼寝に対する非難と、ほとんど強迫観念に近いような早起き至上主義が、縷々《るる》述べられている。

寛文十三年（一六七三）には「睡眠之十二失《しつ》（眠ることの十二の欠点）」を数え挙げて、「武士は一入《ひとしお》勇気を以《もつて》目をさま《覚》」すよう勧告するし、天和《てんな》元年（一六八一）には、「妻女と共に朝寝をもすべくは、死人の真似といはんか、病人の似《に》せと申すべきか」——朝になっても妻と同床している（少くとも長重がいうとき、朝のセックスではなく、朝になっても寝ていることをさす）ことなどもってのほか、まるで自らすすんで死人や病人の真似をしているようなものだという。長重は、妻と朝寝などせず「主に逢ふ事を好《このむ》べし」——主君の顔をできるだけ早く見ることを楽しみにせよなどと、無理な要求まで押しつけてくる。「朝寝を好ものは魔の入たる也」「朝寝いたすは身の衰る端也。家の衰微といふは是《これ》也」等々——朝寝は罪悪以外のなにものでもなかった。

元禄二年にも肩輿《けんよ》（駕籠《かご》）のなかでふと思いついて「武士たるべき法は朝興《あさおき》（起）也」と記しているが、ここまでくると朝起き（早起き）は、武士の必須条件に他ならない。

天野家ではまた家来たちに朝寝や昼寝をさせないようさまざまな工夫を講じていたらしい。

朝起せよと云て昼寝すなとて、弓馬鉄炮太刀鑓《やり》舟こぎか（駆）け走、灸をもいたし何やうにも寝むらずして（中略）或は経文を唱え、或は音曲の類、或は碁将戯（棋）の遊興まで中付、宵には常に五ツを限り宛《くつろ》がする。

日中は武術の稽古《けいこ》にはじまってお灸《きゅう》や読経、はては碁将棋・音曲等の遊びに熱中させ、昼寝の間《ま》を与えずに身体を十分疲労させて、日が暮れたら五ツ（午後八時）には休ませるようにしているというのである。

それでも睡魔は容赦なく長重の家来を襲った。

天和二年(一六八二)のある日の昼、長重が江戸城の御門番所に詰めていた折に、家来の野村喜斎《きさい》と星野宇左衛門《うざえもん》がやってきた。ちょうど絵図を作成していたところで、風が強いからと宇左衛門に紙を押えさせ、長重が熱い茶を一杯すすっている間に、喜斎は、こともあろうに手枕《てまくら》をし鼾《いびき》をかき始めてしまった。叱りつけたので一度は目を覚したが、しばらくするとまたうとうとしはじめる。再度たたき起こして懇々といましめると、その「言葉も終わらざる程《ほど》に、はや(早)次へ行て寝たる也」、呼べば目を赤くして出てくる始末。

また他日、長重がお城から屋敷へもどってみると、宇左衛門は長重の硯《すずり》を二つ重ねにしたのを、喜斎は茶碗《ちゃわん》箱を、それぞれ枕にして寝ていたという。怒った長重が、自分などは、昼寝用の枕は土蔵にしまい込んでここ何十年も昼寝などしたことはないと申し聞かせても、なんの効果もなく、病的なほどよく寝る家来たちであった。

朝寝・昼寝をあれほど忌み嫌った主人にしてこの家来である。『思忠志集』にみえるこのエピソード、いささか滑稽な感じもするが、当時の武士たちの習性としてのいぎたなさを如実に物語っている。

だからこそ、時間による管理というテーマが、その重要性を表面化させたのだろう。守山藩が遅刻罰金規定を設けたり時計の管理を厳重にしていく動きと、天野長重が家来たちに抱いたいらだちとは、ともに日常性のなかの新たな作法の形成を示している点で、通底する。

出勤拒否

お供の一行に遅れたり欠勤するのは、必ずしもうっかり寝坊して間に合わなかったためばかりとはかぎらない。なかにはわかっているのに、気に入らなくて出勤しなかったり、怠慢で出てこない者もいた。

天和元年（一六八一）に、「了簡違い《りょうけん》」の者であるとして閉門を申し渡された広瀬伝右衛門《でんえもん》（御徒小頭）も、その一人である。

ある日若殿が相馬弾正少弼《だんじょうしょうひつ》の屋敷に行くというのでお供を申し付けられた伝右衛門が、いつまでたっても姿をみせない。たびたび督促すると、伝右衛門は、自分は若殿様のお供に従うことにはなっていないといいはり、ついに出勤を拒み通したという。

寛文十一年（一六七一）の三月にも出勤を拒んだ者がいたが、これは伝右衛門のように融通のきかない職掌固持者ではなく、純粋な怠惰であったらしい。

御徒の萩原某《なにがし》の場合がそれで、彼は昼の間、藩主や姫君が小石川の水戸藩邸へ能見物に出かけるのにお供して、日が暮れてもどってきた。その夜は番所で泊番《とまりばん》をすることになっていたが、一向に番所に現れない。何度か呼び出しをかけると、「終日御供にて草臥《くたびれ》候間、出候事なり申すまじき」といって出勤をしぶる。上司の御徒小頭が、今日一度お供を勤めたからといって当番を休めるわけがないと説得したが、とうとう病気を理由に出勤しなかった。

家来が自分の職掌を少しでも越えた仕事をしたがらないとか怠慢で休んだりするのは、前述の天野家でもしばしば問題になった。

天和二年若党の一人が出奔《しゅっぽん》したおりに天野長重は若党の日ごろの不行跡を書き出しているが、そのなかでも、日替りで供を申し付けても煩《わずらい》(病)を理由に出勤しなかったり、急用で外出するときはたいてい「供をはづし」て女房のもとへ忍んでいったりする……と指《し》弾《だん》している。

この若党ばかりではない。長重は、急用が重なって一度ならず何度か使いに出したりすると、その翌日は、今日は気分が悪いので出勤しませんという家来たちの習性にふれ、「一日使ひ勤め候はば翌日はいやといふ心にては頼母《たのも》しからざる義なり、ことさら主人に違なくば、草臥《くたびれ》たるなどゝて否《いな》とはいふまじき事なり」と慨嘆する。そして、ややもすれば身分の低い小者などのように、自分は乗物をかつぐ役なので門前の水まきはしないなど、与えられた役目以外は断じてすまいとする怠慢を批判して、「侍は何役とて究《きわむ》べきにあらず、事に望み、乗物をもか(舁)き鉄炮をもかつ(担)ぐ習《ならい》なり」と説諭するのだった。

しぐさの作法違い

元禄五年（一六九二）には、お供に行った先でのすわり方が問題にされている。十一月二十八日の朝、富岡斧右衛門《おのえもん》（寄合）は、お供の先でちょっとした間違いを仕出かしてしまった。間違いというのは、ほかのお供衆がみんな蹲踞《そんきょ》の姿勢をとっていたのに、斧右衛門ひとりが中腰だったというのである。

お供の先が「御公儀（幕府の役所）」だったためもあったが、藩邸ではこのささいな違反、身体表現（すわり方、立ち方など）の間違いが重大視された。

このような「不調法《ぶちょうほう》」を放置しておいては、今後ともどんなことを仕出かして御家の外聞を損うやもしれない。斧右衛門に厳しく申し付けるのみならず、以後は「右の儀に限らず御供の先《さき》心を付け候て、目掛り候儀早々知らせ候様《よう》」――お供先では十分注意し、ささいなことでも気が付いた点は早速申し上げるよう、藩邸の人々に申し渡した。遅刻や怠慢ばかりでなく身体表現の作法についても、細かく管理され始めたのである。

身体表現の作法違いといえば、会津藩の同心星藤右衛門《とうえもん》の過ちも、その例の一つに挙げることができるだろう。元禄二年、会津藩が桂昌院《けいしょういん》（五代将軍綱吉の生母）の御部屋普請の手伝いを幕府から申し付けられていた折のことである。

見廻《みまわ》りのため江戸城三の丸の工事現場にやってきた藩主一行が藩邸へ帰ろうとしていた。そのとき平川《ひらかわ》門内にいた藤右衛門は、藩主一行がだんだん近づき、とうとう自分と一間（約一・八メートル）しか離れていない至近距離にやってきても、「腰をこゞめ候計《ばかり》にて」平伏するしぐささえみせなかった。

この場合も、場所が江戸城で幕府の役人ら衆人環視のなかのことだっただけに情状酌量の余地は認められなかった。藤右衛門の身体表現の間違い、辞儀《じぎ》の作法違いは「不敬《ふけい》至極《ごく》」な態度ときめつけられ、藤右衛門は三田《みた》の藩邸に三日間拘留されたのち、本来ならば額に火印を押し入墨《いれずみ》を施すところを、一等減ぜられ追放処分となっている。

不念と不服従

「不敬」のほかに「不念《ぶねん》」な行為も処罰の対象となった。不注意やついうっかりということは許されない。それは日ごろの心がけが不十分である、「不念」であると見なされたのである。

浅野式部の家来と松平五郎左衛門の家来が「出入《でいり》（喧嘩沙汰《けんかざた》）」を起こした。こうした他家の喧嘩の情報は、それぞれの経路を通して江戸の各藩邸にいち早く伝達される仕組みになっており、大塚の守山藩邸にも小笠原遠江守《とおとうみのかみ》から「出入」に関する情報を記した書《かき》

主人を待つ家来（『江戸雀』国立公文書館蔵）

付がもたらされ、一定の手順を経てその日の当番である石橋庄右衛門の手元に届けられた。

　本来ならただちに内容を上申しなければいけないのに、庄右衛門は「失念」、うっかり報告を忘れてしまう。結局、書付は夕方になって差し上げられたが、庄右衛門はこの不念を咎《とが》められ「遠慮」を申し付けられた（元禄四年正月十一日）。

　御小姓頭を勤める大戸市郎右衛門《いちろうえもん》も、元禄十三年六月に「不念」のため「遠慮」となっている。おりから藩主は「血忌《ちいみ》（出産があった際の物忌み）」に服しており、当然のことながら各大名から見舞いの使者が藩邸を訪れた。ところが応対に出た市郎右衛門は、血忌の際の挨拶《あいさつ》と病気の際の挨拶口上を取り違えてしまったのである。これなどは不作法ではなく、作法そのものを勘違いして誤用してしまった例といえる。

　次にもっと積極的な作法違反の例をみてみよう。違反というよりは作法を守ろうとしない、不服従の例である。

　元禄六年の九月、藩命で水戸へ赴くことになった宇野重郎右衛門《じゅうろうえもん》は、出発にさきだって、職務を間違いなく履行《りこう》する旨の神文《しんもん》（誓約書）の提出を命ぜられた。とりわけ彼にだけ申し付けたわけではなく、このような場合、神文提出は作法となっていたから、藩としては重郎右衛門がただちに提出することを疑っていなかっただろう。

ところが重郎右衛門は提出を拒んだ。彼によれば「私儀神文仕《つかまつり》候に及び申すまじく候、御意《ぎょい》を神文と存じ候」――主命すなわち神文であるからわざわざことあらためて神文を提出するには及ばないという。

道理は道理である。ことによったら武士道礼賛書に永く書きとめられてもいい発言かもしれない。しかしこのときはなんの賞賛も得られなかった。のみならず重郎右衛門の言葉を耳にした藩主は、藩命を軽視した不服従であると断定し、扶持《ふち》召放ち奉公構《かまい》（給料停止のうえ他家への仕官も禁止）のうえ、江戸および水戸からの追放という厳しい処分を与えるのである。

様と殿

出しぬけだが『御日記』の貞享元年（一六八四）六月三日の条に「御足軽以下侍衆自今以後様付《さまつけ》申すべき由仰出《よしおおせい》ださる」とあるのは、一体なんのことだろう。足軽以下といえば草履取り、押《おさえ》、末《すえ》などを指すが、これらの衆に対して今後は「様」を付けよというのか、はたまたこれらの者たちに侍衆には様を付けて呼べと申し渡しているのか、いまひとつははっきりしない。

あとにもさきにも様付《さまつけ》に関する記述はこれ以外皆無だから、どうでもいい些事《さじ》として通りすぎてもかまわないのかもしれない。ところがこの問題は、一人守山藩だけのことではなかった。管見の限りでも、加賀《かが》藩、会津藩でも「様付」をめぐる問題がとりあげられている。

加賀藩では元禄六年に、いままで浅野土佐守様《あさのとさのかみ》、（浅野長澄《ながずみ》。備後三次《びんごみよし》藩五万石の藩主）と唱えてきたのを、今後は土佐守殿に改めよと申し渡された。理由は、総じて御末葉（長澄の実父綱晟《つなあきら》の母は前田利常女《まえだとしつねむすめ》）に様付はしない、様では尊称がすぎており、殿が相応《ふさわ》しいというものだった。

会津藩の例は享保元年（一七一六）。『家世実紀』の記述によれば、最近、身分の軽い奉公人たちが諸士に対して無礼なのは、上の者が下の者に対して慇懃《いんぎん》すぎるからで、一例を挙げれば、古来、上から下へ遣す書状は殿付であったのに、近ごろは様付になっている。こういうのを改めなければ、下はますます増長する——というものである。様付の問題の背景に、上下関係の再確認という意図がはたらいていたことがうかがえるだろう。藩邸内における上下関係の整備、より具体的にいえば、上司に対して部下が露《あら》わに不服従の態度を示すことを抑制し、いたずらに〈職場〉の混乱を招かないようにすることは、当時から重要な課題だったに違いない。

上司の重さ

寛文十一年（一六七一）のこと、紀州《きしゅう》に使者として派遣された矢嶋治部左衛門《じぶざえもん》が帰ってきた。治部左衛門の〝出張費〟は従来に較べて多かったうえ、駿河《するが》で医者にかかった費用まで藩から支給された。そのうえ先例にしたがって、無事役目を果たしたことに対する御褒美金も下賜されたので、仲間の間には口に出せない不満がわだかまったらしい。

藩の上層部も反省して、以後は使者を勤めても御褒美金は下賜しない旨を、治部左衛門の直接の上司である徒《かち》小頭に申し渡した。

ところが小頭からこの話を聞かされた治部左衛門は、立腹してさまざまな悪口を口ばしった。この罵詈《ばり》雑言《ぞうごん》はしかしとても高いものについてしまう。

藩は取り調べのうえ、治部左衛門を追放処分にしてしまうのである。罪状は、小頭の申し渡しはもっともなことなのに、治部左衛門が「近隣の者も聞《きき》候へとて高声に小頭へ対し不埒《ふらち》なる儀を申し、彼是《かれこれ》悪口致し候段」――あたりの者にまで聞こえるほど大声で上司に悪口を浴びせたことが「不届千万《ふとどきせんばん》」、許しがたいというものだった。

上司の言いつけに対する異論の唱え方については、貞享元年（一六八四）に明確に規定されている。すなわち同年十月十七日に、頭・小頭ほか総じて上司の命令は、たとえそれが理にかなっていなくても、二度までは「御作法違わざるよう挨拶いたし（上司を立てる口のきき方で応対し）」、それでもなお理不尽な命令を下すようなら、「其上《そのうえ》にて御目付《めつけ》方へ申出るにおいては道理次第たるべく候（目付へ申し上げよ、そのときはどちらに理があるかを判定し理にかなっている方の意見に従わせる）」と申し渡された。たとえ上司の言い分が間違っていたとしても、ただちに上司の非を指摘したり悪口を述べることは許されないというのである。

この「申渡《もうしわたし》」は、実はその数日前に起きた事件を直接のきっかけにしていた。中小姓阿部市左衛門が小頭から「番割《ばんわり》（出勤順）」を申し渡されたとき、その場で「返答の上雑言《ぞうごん》申」し反論、批判がましいことを述べた事件である。

上司にただちに反論を述べたのが「大法を背」いた第一の点、その後、玄関でも小頭に「過言《かごん》（立場を弁《わきま》えぬ暴言）」を吐いたのが「御殿をも憚《はばか》らざる義」で大法違反の第二点、そして同僚たちの前で小頭の悪口を触れ廻ったのが第三点、市左衛門は以上三点の非を咎められ、追放のうえ「闕所《けっしょ》（財産没収）」の処分をうけたのである。

翌貞享二年五月に小泉弥次右衛門《やじえもん》（普請奉行手代）が江戸を追放されたのも、上司の彦兵衛と悪口を応酬したことが原因だった。『御日記』は弥次右衛門の咎を次のように記している。

支配致すべき程《ほど》の者（上司のこと）に対し、縦《たとえ》非義《ひぎ》たりといふとも御作法の通り挨拶致し候て後《のち》申出すべき旨御定法に候処《ところ》其儀なく、彦兵衛と口論致し候段、御大法を相背き候に付……

上司が間違っていても、二度までは丁寧な口調で意見を述べよ、すぐに反論したり悪口を述べてはならないとする貞享元年の申し渡しの趣旨が、「御定法」「御大法」としてすでに不可侵の作法となっていったようすがうかがえる。

禁酒の誓約

職場の作法といえば、酒の問題も素通りできない。過ぎた飲酒が勤務に支障をきたすことは、守山藩邸に奉公する人々の場合も変わりないし、藩の重役たちにしても酒がもとで喧嘩口論が頻発してはたまらない。事実『御日記』には「酒狂《しゅきょう》」による紛争の事例がいくつも載せられている。しかしここではそれらの事件の具体的顛末《てんまつ》は、いっさい割愛しよう。作法の形成という観点からいえば、むしろ次のような記述のほうが重要と思われるからである。

酒、御家中《ごかちゅう》へ御台所にて売り申し候。町より御家中へ買ひ候分は、御門番所にて帳面に付け候様に申付候(貞享元年三月二十三日)

これ以前に酒がどのような手続きを経て藩邸内に購入されていたかは、はっきりしない。まるで落語の〝禁酒番屋〟の情景を彷彿《ほうふつ》させるような触《ふれ》だが、酒は門番所で帳面に記入されたうえ(搬入量をチェックしたうえ)邸内の台所で家中の者に売るよう規定されたことがしられる。

翌二年、改正がなされ、台所で酒を売るとき新組の者が立ち合っていたのを止め、そのかわり中間《ちゅうげん》の者が神文(誓約書)提出のうえ酒の販売に当たるようになっている。藩邸内の酒の購入の手続き(作法)が、しだいに整備されていくようすがうかがえる。

当時幕府は、酒の販売や飲酒について、積極的にこれを抑えようとしていた。

元禄九年(一六九六)の八月二十日にも、老中列座の席で、諸番人諸役人に対して、相手に酒を強いることを禁止し、「酒狂《しゅきょう》の者之在《これあ》り候はば、酒給《たべ》させ候者も越度《おちど》たるべく候」と酒精《アルコール》犯罪が生じた際の飲ませた側の責任を明言している。

幕府の酒ぎらいは、「惣《そう》じて酒給候儀は、上に御嫌いなされ候儀に候」という一文をみても明らかだった。

守山藩でも藩邸の人々に対して、酒の飲みすぎは第一自分のためにならないからやめるようにと再三申し渡しているし、「相互に強《し》い申す義甚《はなは》だ御《ご》停止《ちょうじ》の事」と飲酒の強要を戒めている。

さらに元禄十二年には、「自今以後、酒売り申す者、御屋鋪《敷》へ入れ申すまじく候」と、ついに酒売りの藩邸内への立入りを禁止するに至った。

もっとも藩の人間が同伴する場合にはこの限りにあらずと但し書きがついているから、酒の補給路は途絶えてしまったわけではないが、藩邸の内と外を結ぶ〝酒の道〟がよりいっそう管理されるようになったことは容易に推測される。

同じ年、『御日記』には新組の権左衛門《ごんざえもん》ほかが、「御役目相勤め候内《うち》、酒給《たべ》申まじき由白紙神文」をおおせつけられたと記されている。勤務中は禁酒を守る旨誓約書を提出させられたのである。権左衛門の過去もその後も明らかでない。かつて酒でしくじったのかもしれないし、誓約書を提出したからといって再びしくじらなかったという保証はどこにもない。いずれにしろ、禁酒神文という手続きがとられたからには、勤務中の飲酒は違法行為以外のなにものでもなくなってしまう。

職場の作法がいろいろな面で整備され管理の網の目が細かくなると、どうしてもこれに順応できない者たちが出てくることはやむをえない。「御暇《おいとま》」あるいは「御追放」によって藩の所属を解かれ藩邸を去って行った者たちの、去らなければならなかった理由はさまざまである。

寛文四年（一六六四）十二月九日、御奥様御買物役の青木伊右衛門《いえもん》は、買物の勘定に「引負《ひきおい》（欠損）」を生じ、加えて町人たちに対する掛け買いの未済金が多額にのぼっているとして追放処分となっている。藩の公金の使い込みということで、罪状が加算されたのであろうか、伊右衛門の処分は追放のなかでも最も厳しい〝阿呆払《あほうばら》い〟で、武士の魂ともいうべき大小をもぎとられ丸腰の姿で藩邸を追い払われた。

御用部屋手代の荒木伊右衛門の場合は、三歳になる娘を、離別した妻が住む屋敷の前に捨てたことが発覚し「永《なが》の御暇」となった。「他の見聞を恥じず子共《こども》を捨て、他の批判を顧みざる義不届千万《ふとどきせんばん》」、破廉恥で藩の外聞も損ったというのである。

ただ荒木伊右衛門の場合は憐《あわ》れむべき点もあったのだろう、一時金として金三両が支給され財産も没収されず、しかも「御構無《おかまいこれなし》レ之」、以後他家に奉公しても構わないという有利な条件つきの永久解雇だった（寛文十年八月十六日）。

同じ御暇でも生駒十兵衛（御使役）の場合は、数多くの罪状が数えあげられ情状酌量の余地すらない。まず「前々より分限過ぎ女の数を召抱え」という性来の女好きがたたって、手をつけた下女の請人《うけにん》（保証人）から金をせびりとられること数度におよび、おのずから金にも困り、「商人の物を買取り掛《かけ》に致し、其《そ》の掛を催促致し候者に悪口を吐き」――支払い催促の者に悪口を浴びせ結局は踏み倒しにしたり、親から譲りうけた武具や妻の着物、はては夜具まで質に入れて着がえの上下《かみしも》にさえ事欠く有様……。まだある。人足どものように買い食いをし、近所の草履取りたちと友達づきあいをして、路上で恥じらいもなく不良少年のような放埒《ほうらつ》行為を演じたという（貞享四年五月）。

栗田権平《ごんべい》（御中小姓）の場合は、酒がすべての間違いのもとだった。常日ごろから「大、酒の上酔狂致し候」につき、禁酒の神文も提出したが、依然として大酒飲みの癖はなおらない。当然、家計も火の車。藩は、権平に他にこれといった落度があるわけではないが、このままでは皆に迷惑がかかるといって御暇を申し渡した。

権平と同じ日付で御暇となった益田新平（御部屋御刀番）にしても、「押立《おしたち》候御科《とが》も之《これ》なし」というように、とくにこれといった罪はなかったらしい。ただ勤務ぶりが、「近年は諸人の目にも及び候ほど不勤」――あまりに怠慢で芳《かんば》しくなかったからである。

上から御暇を申し付けられる前に自発的に御暇を願い出たケースも少くない。

寛文四年十二月二十九日、御中小姓池田赤七の父親である宗味は、息子の上司（御中小姓小頭）のもとを訪れ、息子の御暇を願い出た。赤七は不行跡の多い放埒者で親類が何度意見しても所行を改めようとしない。このまま当家に奉公していたら、いつ殿様の御名を汚すような事件をひき起こさないともかぎらず、ひいては親類全体に禍《わざわい》が及ぶ恐れもある。ついては今のうちに御暇を下されるようにというのである。

延宝七年（一六七九）三月七日付けで御暇を許された小嶋甚左衛門《じんざえもん》の場合は、本人の意志で御暇を願い出ている。なにも自分が放埒な問題児だからというわけではなく、『御日記』の記述によれば、理由はどうも自分で仕事についていけないと判断したためだったようである。「其方儀《そのほう》、手跡《しゅせき》相い叶わず、不勘定《ふかんじょう》にて御役儀迷惑に付、達《たっ》て御暇相願候に付……」、字がよく書けないうえに計算も不得手、これではとても職務を全うできないと悲観したための御暇願いであった。

藩邸の業務内容はしだいに複雑化し、一方で管理化も進行する。そんな職場に身を置く武士たちにとって、基本的な事務処理能力は、もはや不可欠な条件になっていたといえよう。

最後に、もっと武士の本分にかかわる理由、武士社会に固有の事情から藩邸を去らなければならなかったケースをみてみよう。

天和元年（一六八一）二月、真下次郎右衛門《じろうえもん》（切手番頭）は留守中に博奕《ばくち》を打っていた小者を手討ちにしたが、このとき手討ちの場に姿をみせず屋内にこもっていた冨田山三郎《さんざぶろう》の振舞いが問題となり、藩ではこのような「不調法」者は置いておくわけにはいかぬとて御暇を申し付ける旨決定を下した。

ところで、山三郎の行為は〝腰ぬけ〟とか〝柔弱〟といって非難される一種の武士道違反であり、山三郎の親類たちは、このような理由で上から御暇を下されては、自分たちも迷惑するから、ぜひ次郎右衛門方から御暇願いを出し、それが受理されるかたちにしたいと申し出た。

ここで次郎右衛門がどうして再び登場してくるのか定かでない。あるいは山三郎の親族の一人であったのであろうか。ともかく親族一同の願いは容《い》れられ、山三郎は親族一同の武士としての名誉に傷をつけることなく、御暇を許されて去っていくのである。

一見今日のサラリーマン心得と見まがうような藩邸＝職場の作法には、しかし同時にこれとは全く異質な武士としての作法が不即不離の関係にあったことを、忘れてはならないだろう。

以上、『御日記』の例を中心に職場の作法とそれに適合できなかった例を垣間《かいま》見た。ではどんな態度が作法に則《のっと》って理想的だというのか。

不適合の例、作法違反のケースをことごとく裏返せば、あるいは理想的な勤務者（武士）像が結べるかもしれない。だが、もう少し具体的な姿を捜してみよう。眼差《まなざ》しは再び天野長重に向けられる。

若き武士たちにおくる言葉

天和二年（一六八二）の二月十四日、長重は幕府の若い与力《よりき》たちに次のように門番の心得を教え諭した。彼の教え、「若輩《じゃくはい》の与力へ送書《おくるしょ》」は、所属や役職の違いを問わなければ、この時代に生きていかなくてはならないすべての若い武士たちにおくる言葉であったといっても、過言ではない。

一、江戸城の七つの門で（通行人を）改める内容を書付《かきつけ》にして覚えなさい。

一、かといってなまじ覚えてしまっては、かえって間違いが起こるから、御門番を勤める前日は、初心にかえって必ず書付を読み返すように。

一、与力役を勤めるには、まず読み書きと口上（挨拶・応対）の仕方を修得しなければならない。若いのだから寸陰を惜しんで稽古しなさい。口上の述べ方の稽古は、柱に向かって独りですることもできる。とにかく寝言にも自然に言葉がでてくるほど稽古を積んで習慣化しないことには使いものにならない。鏡を前にして自分の顔色を観察しながら稽古するのもよいでしょう。ものを書くことはすぐには上達しない。毎日数を決めて文字を覚え、その数も、初めは多くしだいに少くしていくのがよい。いずれにしろ毎日必ず覚えるようにすることが大切である。

一、御成《おなり》（将軍の通行）の際には、与力・同心の並び方にまで作法があります。作法の要点を、できるだけかさばらない薄紙に書きつけ懐中し、必要なときはすぐに参照できるようにしておいたほうがよい。

以下、事細かに注意事項が綴《つづ》られている。まるで教師が中学生に英単語の覚え方を教えるように、長重の後進に対する教諭は、微に入り細に入る。

もちろん長重だとて、こうした職場の心得と戦闘者＝武士としての姿に、まったく食い違いを感じていないわけではなかった。

たとえば寛文八年（一六六八）には、さる武功の老人の言として「分別らしきもの腰ぬけべし」とか「武辺は無分別とそこつ（粗忽《そこつ》）の間より出る」と書きとめている。

寛文から天和にかけてのわずか十数年の間に長重の認識がぬり変えられたとはいうまい。十七世紀の武士たちは、毎日数をきめて文字を覚え鏡の前で挨拶の仕方を練習する姿に新しい理想像を求めつつも、無分別と粗忽の間にこそ真の武士をみようとする視座を対極にすえてその間を振り子のように揺れながら、しかし確実に、一方の側へ振り幅を広げていったのである。

路上の平和

報復の街角

延宝六年（一六七八）五月、今日の感覚では信じられないような事件が起こった。事件の顚末《てんまつ》は次のとおりである。

尾州様《びしゅう》又侍《まさむらい》、つまり尾張徳川家の家来の家来が、市谷《いちがや》の尾張藩邸に程近い左内《さない》坂の研《とぎ》屋《や》を訪れた。そこでなにがあったかは全くの霧のなか。ともかく口論となり、又侍は研屋に少々の傷を負わせ、すわ刃傷沙汰《ざた》と駆け付けた近所の町人たちにとり押えられ縄をかけられた。「どこの者か」と問うと、尾張藩邸の者であるという。さすがに御三家の権威に恐れをなしたのか、町人たちは又侍の縄を解いて尾張藩邸に連行し、経緯を説明したうえ、藩邸のしかるべき方と相談したい旨を申し入れた。

ところが藩邸では、この申し入れに応じようとしない。その者はとりあえずお前たちに預け置く、その者が当家の者であることを確認したうえで連絡するというのである。埒《らち》が明きそうもないので、町人たちは又侍を町奉行嶋田《しまだ》出雲守《いずものかみ》のもとへ引き連れ、町奉行の命令で又侍は牢舎《ろうしゃ》（入牢）となった。

そうこうしているうちに、尾張中将徳川綱誠《つななり》（当時の藩主光友《みつとも》の継嗣）から、かの者は当家の又侍に相違ないから早々身柄を引き渡すよう、使者をもって出雲守に申し入れがなされた。しかし尾張藩邸から再三使者が訪れたにもかかわらず、出雲守はこれに応じない。激昂した中将は、この件のやりとりで用をなさなかった藩の担当者に腹を切らせたため、話はついに公儀（幕府）の知るところとなった。

町奉行といえども上からの命令には抗しがたい。かの又侍は要求どおり尾張藩邸に引き渡され、町人たちにからめとられたうえ縄をかけられたのが藩の名を汚したというのであろう、結局藩邸の人々の手で成敗されてしまったという。

ここまでなら、御三家の威をかさにきた尾張中将の態度にいささか強引な感じを否めないものの納得できないこともない。

ところが尾張藩の要求はこれで終ったわけではなかった。又侍の処刑を済ませたのち、さらに幕府に対して、左内坂の町人の身柄を一人残らず引き渡してほしいと願い出たのである。

尾張藩にすれば事件の当事者である又侍をすでに処刑している。そのうえ、いくら研屋に手傷を負わせたからといって、当家の者に縄目の恥を与え、当方からの連絡を待たずに町方の手に渡した左内坂の町人たちの行為は、相当の犠牲をもって報いられなければならないと判断したに違いない。

幸いにしてというべきか当然のことというべきか、尾張藩の要求は容《い》れられず、犠牲は、わずかに一方の当事者である研屋が「閉戸《へいこ》」(監禁処分)となったにとどまった。

この事件は一方が尾張藩の者ということで少し特殊なケースかもしれないが、当時の江戸の町が、ささいな口論がきっかけで激しい闘争を生み、多数の処刑を導く危険性に満ちていたことを余すところなく物語っている。それだけに、各藩邸は紛争の発生を未然に防ぐよう努め、紛争回避のためさまざまな方法を模索しなければならなかったのである。

喧嘩両成敗法を超えて

市谷左内坂の事件をさかのぼること十数年、寛文三年(一六六三)の『御日記』には、左内坂事件とはおよそ趣を異にする事件が記されている。

事件の当事者は幕府御鷹師《おたかし》伊藤喜左衛門の中間《ちゅうげん》と守山藩小荷駄《こにだ》使い新兵衛の二人、ところは立慶町《りゅうけいちょう》、中間と喧嘩《けんか》した新兵衛は辻《つじ》番人に棒で打たれ、血を流した。事件といってもこれだけで、興味深いのはむしろ喧嘩の後始末、事後処理の経過である。

新兵衛の身柄は辻番所が預っていたので藩邸から御徒目付《おかちめつけ》を遣わし、新兵衛を連れてもどった。その際、相手側では中間の主人である喜左衛門が外出中のことゝて同僚の稲田喜蔵が守山藩側と応対し、「今度は喜左衛門の中間が口論を仕出かし当方としてもたいへん迷惑しております。おもどりになったら御家老へもなにぶん宜《よろ》しくお伝え下さい」と、

「色々手を下げ」て慇懃《いんぎん》に挨拶《あいさつ》を述べた。

その後藩の方から喜蔵に、当家の法度に背いて喧嘩口論をした新兵衛に「永《なが》の御暇《おいとま》」を申し付ける旨を通知すると、喜蔵から折り返しそのような処分をなされては当方が迷惑するといってきた。なぜなら、もし守山藩の側が当事者の新兵衛に永の御暇を申し付けるなら、当方としても中間に相当の処分を加えなければならない、それでは困るというのである。

喜蔵（すなわち喜左衛門側）の言い分は、いわゆる喧嘩両成敗の原則に基づいているといえよう。相手側の方から処分しないでくれといってきているのだから藩側にとっては、これ以上歓迎すべきことはないようにも思える。ところが藩の回答は全く予想に反するものだった。守山藩は喜蔵に対して次のようにいう。

双方の理非にて御座《ござ》なく候、此方《このほう》の中間は家の法度《はっと》相背《あいそむき》申《もうし》候に付《つき》、扶持《ふち》召放《めしはなち》申候、喜左衛門殿御家来御扶持放《はな》たれ候義は御無用になされ候様《よう》に

新兵衛の扶持を停止したのは、あくまで新兵衛が当家の法度に違反したからそうしたのであって、喜左衛門の中間と新兵衛のどちらに理があり非があったかは全く無関係である。

だから、当方が新兵衛を処分したからといって喜左衛門の中間を処分するのは御無用というのである。

ここでは伝統的な武士社会の慣行法＝喧嘩両成敗法は、あざやかに無視されている。かわって固守されるのは、相手がどうであれ道理がなんであれ、とにかく喧嘩口論がお家の法度であるかぎり当事者は処罰するという、峻厳《しゅんげん》なまでの紛争回避の姿勢、作法であった。

道の正しい歩き方

『葉隠』には、男の子の育て方が次のように記されている。

男子の育立《そだて》やう、先《まず》勇気を勧《すす》め、幼稚の時より親を主君に准じ、不断の時宜《じぎ》・作法・口上・堪忍《かんにん》・道歩き等迄《まで》仕習《しならう》やうに致すべし

将来一人前の侍になるために男の子は、幼児のうちから時宜（辞儀）、作法、口上などを学ばなくてはならないというのはわかる。では「道歩き」とはなんだろう。道を歩くのに作法があるというのか。

手もとの史料集をめくってみると、たしかに道の歩き方に関する記述は少くない。

一、下々《しもじも》つれだち、立ならび道をせば（狭）め相通事《あいとおる》（寛永八年、加賀藩「御法度」）

一、悪路の刻《きざみ》、道能所《よき》を撰《えらば》ず人をよけ、道のあき候所を肝要《かんよう》に通り申すべき事（寛文十二年、弘前藩「定」）

加賀藩の例は、道を歩くときは横に並んだりすることは御法度《ごはっと》、いけないといい、弘前《ひろさき》藩の例は、道がぬかるんだりして歩きにくいときは、人と争って歩きやすい方を選んだりせず、空いている側を通るようにという。総じて他の通行人のさまたげになるような歩き方は慎しめというのである。

旗本天野長重にとって、道の正しい歩き方は、ほとんど思想といってもいいくらい重要な事柄の一つだった。

天和四年（一六八四）の正月二十五日、長重は次のように書きとめている。

道路は公義道にて貴《たか》きも行賤《いや》しきもす（過）ぐるなれば、互に礼義（儀）して通るべきなるに、道の真中《まんなか》を行べくは、王の流《ながれ》大名の末葉《まつよう》なんどか勇をあらは《顕》したる仁《じん》か世に勝《すぐ》れたる芸者なんどこそ人にもゆるされ己が心にも心をゆるして中を通《とおり》もこそすべ

し、それさへも人目をも憚《はばか》らざるはつたなき心もせめ

道路というものは本来「公義」＝公共《パブリック》なもので身分の上下の分かちなく世間の人々が通行する。だからほかの人々の迷惑も顧みずに道の真ん中を通ろうとするのは、皇族や大名の一族かまたはよっぽど武勇の誉れ高い侍か天下に聞こえた「芸者」＝武芸者でもなければ許されない。しかしたとえそうだとしても、傍若無人に真ん中を通ろうとすれば粗野の感を免れない――。

長重は幕閣松平伊豆守信綱《いずのかみのぶつな》さえ、夏は日向《ひなた》、冬は日陰、ぬかるんでいればぬかった方と、つとめて人の歩きたがらない方を歩けと教え諭したことを紹介し、なのに諸藩の家来たちのなかには相手が幕臣とみると、道で行き違う際に、自ら大身《たいしん》なのを誇って「真中にてなくば通らず」という無礼者がいるといい、彼らなど「天に背くゞり地にぬき足するの本分をしらずして天地の災にあはむとする」――自らすすんで災を招こうとする「不孝もの」にほかならないときめつけるのだった。

事実「不孝もの」はしばしば路上を騒がせていた。伊達政宗《だてまさむね》の小姓たちと〝かぶき者〟が路上で衝突したときも、そうである。『玉滴隠見《ぎょくてきいんけん》』には、このかぶき者たちのようすが「若キ侍六人、列ニテ町ノ真中ヲ手ニ手ヲ取テ来リケル」と描かれている。町の真ん中で

六人が手に手をとって……情景を想像すれば稚戯《ちぎ》というに相応《ふさわ》しい荒くれが、町を闊歩《かっぽ》していたのである。

鞘当

道がパブリックであるという認識は『葉隠』のなかの一エピソードにも顔をのぞかせる。あるとき馬が狂走し、道に張り出した「見せ棚《だな》」を踏みくずしたとき、店主の非難に対して、馬の主は「其《それ》見せ棚の分は、公儀の通《とおり》のうち也」と答えてそのまま通り過ぎたという——。

そんなパブリックな空間で、ことさら武士を誇示するのは世間の常識に反する。それにしても、松平信綱の言といい弘前藩の「定《さだめ》」といい、率先してぬかるみを歩けというのはなぜだろう。

ことは謙譲＝礼儀作法の問題にとどまらない。路上で他と行き当ってはならないという〝思想〟の重みを実感するために、万一行き当った場合、いや正面衝突でないまでも鞘当《さやあて》(互いの鞘の鐺《こじり》のすれ合い)が生じたとき、どんな修羅《しゅら》が現出しえたのか、いくつか実例をふりかえってみなければならない。

寛永《かんえい》七年(一六三〇)六月下旬のこと、前田利家《としいえ》の孫前田肥後《ひご》の一行が橋の真ん中にさしかかったとき、向うからやってきた坂部市郎右衛門らとお互いの鞘と鞘が「はっし」と当った。その後は「肥後殿扇子を取直し市郎右衛門肩をひしとう（打）ち給へば、市郎右衛門刀を抜き、心得たりと云所《いう》を……」と、双方入り乱れて壮絶な斬り合いが繰りひろげられる（『三壺記《みつぼき》』）。橋の上で出会う前に、両者の間になんらかの伏線が引かれていたのかどうかは明らかでない。少くとも『三壺記』をみるかぎり、双方の鞘がすれ違いざまに音をたててぶつかったことが、原因のすべてだった。

明暦《めいれき》元年（一六五五）、会津藩の御金蔵番の息子中原三之丞《さんのじょう》が、若松城下で町人平太と喧嘩になった発端も鞘当だった。千日念仏堂参詣《さんけい》の人ごみのなかで平太と鞘当した三之丞が、後刻、平太の家を訪れ、さっきはよくも鞘を当てたなというと、平太は「其方《そのほう》より鞘当致す（おまえの方から当ったんだ）」と応酬した。経緯《いきさつ》といえばこれ以上なにもない。三之丞は額を切られ平太は右の腕《かいな》を切られ、後日それぞれ刎首《ふんしゅ》、追放の刑を科されている（『家世実紀』）。

今日歌舞伎のシーンかせいぜいのところ〝恋の鞘当〟という言葉でしか馴染《なじみ》のない鞘当は、とりわけ十七世紀の武士社会において、まるで意地と意地のぶつかり合いのように熾《し》烈《れつ》な闘争を惹《ひ》き起こした。愚かしい、それだけに武士のアイデンティティ、原則にかかわる重要な意味を帯びた〝儀式〟だったのである。

芝居町の刃傷沙汰（『江戸名所記』国立公文書館蔵）

もっとも路上のぶつかり合いのすべてがすべて純粋な意地の張り合いだとはかぎらない。

やはり会津藩の例であるが、若松城下河原町《かわらまち》で興行された夜芝居見物の雑踏のなかで、茂左衛門《もざえもん》という若党の鞘が坂井六太夫の頭に当った。鞘当どころの騒ぎではない。若党が「真平《まっぴら》御免なされ候様に」と謝罪しても六太夫の怒りはおさまらず、その場で若党を斬り殺してしまった。藩は六太夫に切腹を申し付けた。みだりに慮外《りょがい》（無礼）を咎《とが》めて人を斬り殺すなど無法の振舞いであるうえに、夜中しかも人ごみのなかで少々鞘がふれたからといって斬り殺すのは理不尽だというのである（『家世実紀』寛文九年）。

ずっと下って幕末の江戸、小普請《こぶしん》組小倉孝太郎の場合など、理不尽というより明らかなあたり屋、あるいは路上の恐喝魔といったほうがいいかもしれない。「往来人へ突き当り不礼もの（者）に付《つき》切り捨つべき旨《むね》申し掛け」て金銭を恐喝する、そんな犯罪を都合十八回も繰り返している（「江戸城多聞櫓文書」）。

一触即発の路上

鞘当がすれ違いざまの衝突だとすれば、『鸚鵡籠中記《おうむろうちゅうき》』の元禄十二年（一六九九）に記された事件など、正面衝突以外の何物でもないだろう。

幕府御小姓組岡八郎兵衛が、江戸の芝《しば》かわらけ（土器《かわらけ》）町辺を歩いていると横から伊達《だて》美作守《みまさかのかみ》の行列が行き当った。双方しばらくやりとりがあったのち、美作守の家来は八郎兵衛を手で突き、彼の片足を溝のなかに落してしまった。『寛政重修諸家譜《かんせいちょうしゅうしょかふ》』の記述で補えば、この日（九月九日）、八郎兵衛孝常《たかつね》は当番で出仕する途中に美作守村和《むらより》の行列に道をさえぎられ、遅刻するんじゃないかとやきもきしていたらしい。待ちきれず行列を横切ったところ、美作守の供の者に咎められ刃傷沙汰となったが、数人に折り重なるように捕えられ、帯刀を奪われたという。

美作守の行列が通り過ぎたのち、いたたまれない気持ちでいっぱいの八郎兵衛は、同僚に切紙《きりがみ》を廻《まわ》して不慮の事故で出仕できない旨を知らせてから、鎗《やり》をひっさげて美作守の門前におしかけ面会を要求した。

ことはついに若年寄加藤越中守《かとうえっちゅうのかみ》の詮議《せんぎ》となり、美作守の家来三人が成敗。美作守本人は、「草臥《くたびれ》て駕籠《かご》に熟眠して知らず」と知らんふりを決めたが、須臾《しゅゆ》（短期間）の逼塞《ひっそく》をまぬがれず、一方、八郎兵衛も性急な行動が咎められ、小普請におとされて一件落着となった。

武士たちが行きかう路上空間は、江戸であれ金沢《かなざわ》や会津若松であれ、それこそ一触即発の危険に満ちていたのである。

守山藩邸の者たちにしても、路上の修羅から無縁のままではいられなかった。

寛文六年（一六六六）正月、御駕籠《おかご》の者の治郎右衛門《じろうえもん》と御挟箱《おはさみばこ》持ちの久八の二人が、伝《でん》通院《ずういん》前で女中の乗物に突き当った。女中に従っていた者は即座に刀を抜き治郎右衛門の肩先に一太刀浴びせ、そのまま駆け去り、治郎右衛門と久八はあとを追ったが姿を見失ってしまう。

元禄元年（一六八八）五月に起きたケースは相手が幕府の役人だっただけにことが面倒だった。箕輪金兵衛の家来で久助という者が富士祭礼に出かけたところ、人ごみで周囲がよく見えず、罪人を捕えようとしていた公儀の衆にぶつかってしまった。幕府の役人が久助の胸を突いたので、相手が誰ともわからぬまま、久助は思わず「子細《し》等《さいら》敷《しき》（偉そうに）」と漏らしたため、怒った彼らに鼻をねじあげられ打擲《ちようちやく》されたうえ、縄を掛けられてしまったのである。

守山藩の者が直接関わり合いになったわけではないが、『御日記』に載っている例をもう一つ。貞享三年（一六八六）十二月朔日《ついたち》、松平左京大夫《さきようだゆう》の家来大村助四郎が水野対馬守の屋敷前に通りかかり、反対側からやってきた美濃部源右衛門（幕臣）の子息と行き違ったとき、助四郎の挟箱《はさみばこ》持ちが子息にぶつかった。あとは例によって斬り合い……。行き当った、ただそれだけのきっかけで、あまりに直情的な行動が繰り返されている。こんな路上だったからこそ、武士はひとしお歩き方に細心の注意を払わなければならなかったのではないか。さきに天野長重が比喩《ひゆ》として用いた「天に背くゞり地にぬき足する」

は、いうまでもなく跼天蹐地《きょくてんせきち》の読み下しだが、後半分＝「地にぬき足する」はたんなる比喩にとどまらず、そのまま武士が道を歩くときの実際的な心がけだったのかもしれない。

供割・供先切

岡八郎兵衛は、伊達美作守の行列の間を横切ろうとして刃傷沙汰になったが、行列の先頭を横切っただけでも、路上の平和がかき乱されるにはなお十分すぎるくらいだった。江戸木挽町《こびきちょう》の松平周防守《すおうのかみ》屋敷前を戸田内蔵助《くらのすけ》の一行が通っていると、一人の町人が突然「供先《ともさき》を割」った。供の者が咎めると逆に悪口をいい返す。捕えて地に投げつければ起きあがってさらに悪口を申しつのる始末。乗物のなかでこれを聞いていた内蔵助は、切り捨てるよう申し付け、町人は無礼討ちとなった。内蔵助から町人切り捨ての旨を幕府に届け出たが、幕府からはなんのお咎めもなかったという（『鸚鵡籠中記』宝永六年）。

行列の先頭や真ん中を横切って流血をみた例は『御日記』のなかにも見いだすことができる。

元禄九年正月二日、市谷御門のなかで喧嘩が起きたという情報が入り、藩邸から足軽を派遣してようすをうかがわせたところ、喧嘩の経緯は以下のようなものであった。

尾張藩士某《なにがし》が大勢の供を連れて通っていると、何者かが現われて、一行を横切ろうとした。供の者が突きのけると、その男は刀を抜いて馬上の武士に切りかかり、このため供の者たちによって討ちとめられた――。

後日、供を割ったのは実は馬上の武士の傍輩《ほうばい》で、日ごろの恨みを晴らそうとしてやったことが判明する。供割《ともわり》は、喧嘩の状況をつくり出して相手を討つための、いわばきっかけだったのである。

よしんばこんな故意の供割がなかったにせよ、諸大名旗本以下、多数の武士とその奉公人が集住する江戸のような町にあっては、供割・供先割（供先切《ぎり》）の、日常的な発生は避けられなかっただろう。たとえばお互いの行列を確認できずに交差点で行列の先頭（供先）が交錯してしまうとか、可能性は多々あったに違いない。道がパブリックであるという認識に立てば、たとえ自分たちより家格や知行の高い武士の一行を認めたとしても、自分たちから先に道を譲る必要はないと感じたろうし、幕臣の一行であれば、向こうが大名諸家の一行だったとしても、直参《じきさん》のプライドにかけて、やはり歩を緩めたり止まったりするのは潔しとしないかもしれない。もちろん逆もまたしかり。個としての武士が鞘と鞘のぶつかり合いにお互いの意地を賭《か》けたように、行列＝集団としての武士は、供割、供先切に、家のプライド、帰属集団の面子《めんつ》を賭けたのである。

そうはいっても、江戸の路上で日々凄惨《せいさん》な情景が現出しないためには、なんらかの作法が形づくられなければならない。すなわち供割、供先切を未然に防ぎ、よしんば起こってしまったとしても流血沙汰《ざた》に発展させないための作法の形成が必要となるのである。

平和の徹底

寛文十二年（一六七二）の弘前藩「定《さだめ》」にみえる次の条文も、そんな必要から生みだされた作法ではなかったか。

一、辻《つじ》にて両方より御出合候時分は、此方《このほう》先にて候はば、早々罷《まか》り通るべく候、他《よそ》所衆《のしゅう》先にて候はば、尤《もっとも》此方待合《まちあい》申すべく候、自然此方通りかかり候時、御供中へ他所衆まいりかかり候共《とも》、たとへ御供の間少々の内《うち》切れ候ても苦しからず候。又追付《おいつき》御供仕るべく候。とかく他所人とせり合い申すまじく候。

前半では「辻」すなわち交差点で他家の一行とぶつかった際の作法を述べ、どちらが先に通るかは家格などにかかわらず、早い者順であると規定する。後半は、万一弘前藩の一行に他家の衆が割って横切ろうとした場合の規定で、このときは、少々供が割られ行列が二つにちぎられても「不苦《くるしからず》（構わない）」、ちぎれたあとの方の者たちは、他家の衆が横切ったあとで前の一行に追いつき、従前通りお供を勤めればよいという。なにはともあれ、他家の衆と路上で争ってはならないというのである。これは前にみた道の歩き方、できるだけ人の通らない方を通れという〝思想〟とも、あい呼応する。供割発生の可能性をおしこめ、供割があっても堪忍《かんにん》して闘争のきっかけを作らせないための作法は、守山藩『御日記』のなかでも繰り返し確認されている。初見は寛文二年（一六六二）の「御条目《ごじょうもく》」。

一、御供の刻《きざみ》、下々又者《しもじもまたもの》等、他所の者と口論仕出《しだし》候はば、理非共《とも》に此方の者を押へ無事に仕るべし、たとへ如何様《いかよう》の無理を申掛け候共、御供の刻《きざみ》は早く此方より負《まけ》させ、互に刀脇指抜かせ申さず候様《よう》心得肝要《かんよう》の事

これは弘前藩の規定よりさらに徹底している。御供を勤めるときは他家の者と口論してはいけない。ここまではいい。もし口論になったら、「理非ともに」、たとえ相手側に非があっても、当方の者を押えてことなく済ませるようにせよ。これもわかる。しかし「たとえ相手側がどんな無理をいってきても、お供を勤めているときは、とにかくこちらから引きさがれ、負けろ」というのはどうだろう。

意地とか面子《めんつ》とかにあれほど拘泥《こうでい》し、そのためにはこともなげに命のやりとりをしてしまう武士社会の習性を想起するならば、これは過激なほど鮮やかな自己規制の作法化であるといえよう。

徹底した紛争回避の姿勢は、幕府の意向にも基本的に沿うものだった。寛文十一年八月十五日、この日江戸城に集められた諸藩の留守居《るすい》に対して、幕府の目付は「諸大名往還の砌《みぎり》、供抔《など》を分け罷《まか》り通り候者は一切咎《いっさいとが》め申すまじく候」と申し渡した。それぞれの藩主たちが江戸城への往き帰りに供割にあっても、いっさい咎めだてしないよう、各藩邸に申し伝えよというのである。

目付はつづいて、「在所城下にては尤《もっとも》に候、江戸においては右の旨相心得申すべし」と付け加えているがこれはいささか皮肉っぽい。お国の御城下でなら供割はどうぞ存分に処罰して下さい。だけどここは将軍のお膝《ひざ》もと、くれぐれも田舎の町でするように咎めだてしてやっかいな刃傷沙汰など起こされぬように——とでもいうところか。

もっともこの日の目付の申し渡しには、説明不足でいまひとつ明瞭でない点があり、水戸藩の御城附（＝留守居）児玉治太夫は、不明な点を幕府に問いただしたうえ、回答を水戸藩の親戚《しんせき》である守山藩へも知らせてきた。これによって申し渡しの具体的状況がもう少し明らかになる。

或《あるい》は横町《よこちょう》抔《など》より参り懸《かか》り候者待たせ置き、同勢残らず通り候てならでは往来成りがたき由相聞《よしあいきこえ》、同勢には押《おさえ》の者も相添え申さず候へば、同勢にも申付け、同勢を分け待ち候て往来の者を通し候様にとの御触《おふれ》にて御座候

依然としてわかりにくい点もあるが、趣旨を要約すると、諸大名の一行が全員通りきらないうちは、横町から出てきた者が道を横断できない状況が生じていると聞くが（それでは通行の人々が困ってしまう）、そんな際には行列を分断し、道を横切ろうとする人々が渡りきるのを待って、再び行列をつなぐようにせよということであろう。

「公儀《パブリック》」な道を管理する幕府としては、供割による紛争を防ぐだけでなく、江戸の往来のスムーズな通行を計らなければならない。いいかえれば交通渋滞解消という都市対策上の意図も、あわせ持っていたのである。

そんな幕府の意向にも促され、守山藩の紛争回避＝路上の平和主義は、ほとんど滅私堪忍の色彩を帯びるまで、年を追って強められていく。貞享元年（一六八四）になると、供を割られたときだけではなく、お供の最中、誰かに突き当られ突き倒されたとしても、じっとがまんし、黙って起きあがってお供を続けるくらいに心得なければならないと申し渡

されている。

こんな無抵抗主義をとったら臆病《おくびょう》と罵《ののし》られ、ひけ（後れ）をとったと批判されるのではないかという危惧《きぐ》に対しても、堪忍するのが「御家の御作法」であるからには、「たとえ拳《こぶし》を以《もつ》て打たれ申すほどの儀」に堪えていたとしても決して武士のひけにはならないと藩主自ら保証している旨を述べ、作法の遵守を要求するのだった。

貞享三年十二月二十六日には、これはとくに供割について述べたものではないが、公用私用で外出した際には、「下々他所の者と口論仕るまじく候、先《さき》より口論申懸《もうしかけ》候はば、此方より丁寧に挨拶致し無事に仕るべく候」と申し渡された。相手がどんなに口論をふっかけてきても、当方はあくまで丁寧に応対してことを起こすなというのだろう。

幕府の交通対策上の配慮は、その後も新しい作法を生む。元禄十二年（一六九九）十一月、幕府は諸家の供連れ人数をよりいっそう減少するよう指導するとともに、「道往来も道一《いっぱい》はいにならず、或《あるい》は同勢も中を切、横通候間《つかえ》（障害）にならざるやう之《これ》あるべく候」と、自発的に行列を分断して人々を通すよう繰り返す。作法はもはや誰の目にも疑いなく、往来の滞りない流れとそれを保証する路上の平和を指向していた。

だからといって、供割がなんの問題も起こさなくなったわけではない。

元禄七年十月十三日、藩主一行が大塚の藩邸へ帰る途中、赤城《あかぎ》坂下を通りかかった折のことである。子供を抱いた女が、御駕《かご》の先を「割通《わりとお》」った。この女に対してどのような処置がとられたか『御日記』には記述がない。おそらくは、そのままなんの咎めもなく許されたのではなかったか。

供割(しかも藩主の駕の先を横切った)発生の責任は、しかし思いがけなく供先を切らせてしまったお供の者に負わされることになる。

そのとき御駕の左右には、それぞれ小姓が一人ずつ警固していた。藩邸にもどって詮議したところ、一方の小姓は、「女でもあり子供を抱いていたので、そのまま通らせました」と答え、もう一方の小姓は、「私のうしろを通り過ぎたのでよく見えませんでした」と正直に申し上げた。

この結果、わかっていたが供を割らせたと述べた小姓は、言い分ももっともとてお咎めなく、一方、見えなかったからと答えた小姓は、「不心掛《ふこころがけ》」とて逼塞《ひっそく》を申し渡された。ちなみに逼塞処分となった小姓は、その三日後、書置きを記して藩邸を出奔《しゅっぽん》したという。

供割が生じたとき、供を割った者が咎められるのではなく、御家の面子ももはやそれほど問題にされていない。問題なのは、細心な注意を怠って突発事を招来してしまった警固の者の勤務怠慢、過失だというのである。供割をめぐる右のような処理のされ方からも、われわれは武士社会における作法の新しい展開をうかがいみることができるだろう。

水撒きの作法

行当り、鞘当、供割（または供先切）のほかにも、路上は偶発的な流血を惹き起こすきっかけには、事欠かない。

寛文四年（一六六四）もおしつまった十二月二十一日、大塚の藩邸からさほど遠くない御箪笥《おたんす》町で、御小荷駄遣《こにだつかい》の助蔵《すけぞう》が小荷駄を運ばせている最中に、幕府の御先手《おさきて》同心に泥をはねかけてしまった。

怒った同心は、助蔵をののしったうえ、竹の杖《つえ》で頭が破れるほど打ちすえた。助蔵の頭が少し割れ流血したのをみた仲間の小荷駄遣たちは、同心に助蔵の身柄を預かるよう要求する。

同心の方は、もともとそちらの誤りからことが起きたのだから頭が少々割られても堪忍して藩邸に連れもどるよう主張したが、小荷駄遣の仲間たちは、血を流したからにはそうはいかないと、傷ついた助蔵を無理やり同心に預けて行ってしまう。

彼らがそうしなければならなかったのは、もし助蔵を連れて帰れば、「他所にて頭打壊《うちわ》られ候間、成敗申付くべし……」、藩邸で処刑されると考えたからである。

結局この事件は、藩と同心側の再三にわたる交渉で「内談」、すなわち幕府へ正式に届け出ることなく示談が成立し、助蔵も同心小頭（件《くだん》の同心の上司）のたっての希望でことなきを得た。万事ハッピーエンド、とはいえひるがえって考えてみれば、ことの起こりは、泥がはねたというだけのことである。

藩邸の門前で水を撒《ま》くのにも細心の注意が必要とされたのはいうまでもない。

寛延《かんえん》元年（一七四八）、会津藩邸前での出来事である。辻番足軽が通りに水をうたせていたところ、折悪く、江戸城西の丸御用の茄子《なす》を運んで前を通った八百屋の籠《かご》に水がかかってしまった。大切な御用茄子に汚水をかけるとはもっての外。もはや上納できなくなったと憤る八百屋とついに口論となり、足軽は追放処分になったという（『家世実紀』）。

同様の事件は、武家屋敷が集中する江戸の都市空間で、それこそ数えきれないくらい起こりえたのではないか。しかし〝路上の平和〟が、もはや政策的にも社会的にも押し戻しようのない風潮であれば、こんな些細な間違いで平和がかき乱されてはならない。

守山藩邸では、貞享三年（一六八六）閏《うるう》三月、以後水をうつ場合は、前後をよく見定めたうえはねを飛ばさぬよう申し渡された。理由はいうまでもない。「若《もし》人に掛《かかり》候はば六ケ《むつか》敷《しく》なるべきも知れず候間《あいだ》」——これもまた紛争回避の作法の紛れもない一環に数えることができるだろう。

こうした細心の注意のせいかどうか、守山藩邸門前ではこの種の間違いは生じなかったようである。『御日記』にはしかし、他家の出来事として一例が記録されている。貞享三年七月、他家といっても藩主頼元の女《むすめ》が嫁した相馬弾正の門前で、掃除の者が幕府御先手天野弥五右衛門《やごえもん》組与力佐原助之丞の倅《せがれ》に水をかけ、刃傷沙汰に発展したというのである。ちなみに天野弥五右衛門とは、あの『思忠志集』の著者天野長重にほかならない。

駆け込む者たち

招かれざる訪問者

大塚の守山藩邸には、公式非公式にさまざまの人が訪れた。本家水戸藩からの使者は頻繁にやって来たし、そのほか縁戚《えんせき》関係のある大名たちも、ときどきは姫君たちを伴って来訪している。しかしこうした使者や貴き訪問者ばかりではない。藩邸の門は、招かざる客、突然の来訪者に対しても、必ずしも閉ざされてはいなかった。

たとえば「乱心者」である。

貞享二年（一六八五）七月二十一日、本多隼人の家来で有馬半兵衛と名乗る者が、守山藩邸の雨宮半助を訪ねてきた。十日ばかり宿をお借りしたいというので事情を尋ねると、人を討ってきたというが、どうもようすがおかしい。家老に届け藩主の耳にも入れたうえ、客座敷に通しさらにようすをうかがうと、「弥《いよいよ》乱心の躰《てい》に相見《あいみえ》」、紛れもなく精神に異常をきたしている。

そこで本多隼人方に問い合わせると、「乱心者にて御座候間《あいだ》、脇指取《とり》、さしおかれ下され候様に」とのこと。本多隼人方の乱心者が藩邸にふらりとやってきて妄想を口ばしったことが判明し、乱心者の身柄は、本多隼人方の者によって引き取られていった。

これよりさき、天和三年（一六八三）七月四日の夜にも、らしき人が訪れている。西門に法体《ほったい》の者が現われ、自分は相馬家の藤田土佐だが、御当家の中野九左衛門と大嶺正左衛門に面会したいと申し出た。ところが九左衛門も正左衛門もすでに鬼籍に入っており、不審に思って相馬家に急飛脚でしらせた結果、その後二十一日になってこの男は相馬家に引き渡されている。

藩邸では、こののち八月五日に、「自然（＝万一）乱心者など之《これ》あり候節のため」として、玄関に従来から配備されている鎗《やり》のほか、新たに棒を二本置くよう定められた。

年代が前後するが『御日記』の寛文九年（一六六九）五月二十九日の条に、同日深夜、江戸城大奥の御台所《みだいどころ》様の寝所に、年のころ四十ばかりの男が忍び込んでいたという信じられないような事件が書きとめられている。

男は召捕られ糾問されると、「我は義家弟義貞《（ママ）》」と答えたという。八幡太郎源義家《はちまんたろうみなもとのよしいえ》の弟と名乗るからには乱心者に違いない。

それにしてもそんな乱心者が、どのようにして江戸城の中でも最も奥深い空間に紛れ込んだのか、この点については、ついにわからずじまいだった。

奥方への闖入《ちんにゅう》者は藩邸でも発見された。

延宝八年（一六八〇）十月二十二日の深夜、「何者とも知れざる男」が、奥方に忍び込んでいた。女中に見咎《みとが》められると、男は塀を乗りこえて姿を消したが藩邸で徹底的に調査した結果、御蔵手代の者と判明した。この男、乱心者であったか、あるいは恋に目がくらんだ密通者であったか定かでないが、犯行露見後に自害して果てたという。

元禄六年(一六九三)の正月に起きた〝岡本傷害一件〟の加害者の場合も、情痴の果ての行動という意味では、乱心者に類する訪問者といえるかもしれない。この日、御部屋女中(藩主の御部屋様に仕える女中)である岡本の親類であるといって一人の男が訪ねてきた。男は岡本に面会し、しばらくやりあったのち、岡本に「耳下より首へ掛け四五寸」、浅手とはいえ懐から流れ入った血で体が冷えるほどの傷を負わせ、その場で自害した。男の懐中から、おそらくは岡本が書いて渡したものだろう、女性の神文《しんもん》(起請文)一通とみずから認めた書置きがみつかった。それによれば、男は京橋《きようばし》四丁目伊勢屋孫左衛門の店子《たなこ》の、本屋惣兵衛こと青木惣兵衛という者で、書置きには、犯行に至った経緯が縷々《るる》と綴《つづ》られていた。

——岡本は、実は田付四郎兵衛組付の幕臣山本甚右衛門の妻だった女です。甚右衛門は十四、五年前に口論から浪人となり、三年前に病死しました。その後岡本は後家を立てていましたが、去年になって伝通院前の衣屋六兵衛を頼み、渋谷岡本と姓名を偽って御当家に奉公することになったのです。岡本と私は一昨年の八月から二世の契りを結んでいたのに、奉公の件についてはなんの相談もなく、私が「たとへ五十、三十文の日用を致しても養育致しかね申さず候」といって何度もお暇を願うようにすすめても聞き入れません。だんだん心変わりしていくのが残念でならず、「千金にも替《か》えがたき命をば空しく相果《あいはて》申し候」しだいです。

全くこの書置きのとおりなら、事件は、それなりに一途《いちず》な男の情痴犯罪、自殺である。しかし、翌日岡本から聴取された「口書《くちがき》」によれば事実はもう少し複雑だったらしい。

私と惣兵衛は、たしかに一昨年から「念比《ねんごろ》」な関係になりました。ところが彼は、去年の十二月、私の娘で十九歳になる勝《かつ》を女房に欲しいといってきたのです。しっかりした人間なら娘を嫁にやらないものでもないのですが、惣兵衛は人柄も悪く、母もこの話には反対しました。それで申し込みを断ったのですが、昨日やってきて、お勝の件を承知しないなら、お前が奉公を辞めてお屋敷を出ろ、そうでないと自分の一分《いちぶん》が立たないというのです。そのうえ例の書置きをみせて、「命を掛け参り候」、と凄《すご》みますので、私もそんな不埒《ふらち》なことをいうと「御門を只《ただ》は出し申すまじ」、とやりかえしますと……。

後家と情交を結んだうえ、その娘との結婚を望み、容《い》れられないとなると再び娘の母とよりをもどそうとする、そんな入りくんだ情痴劇が展開していたのである。危うく殺されかけた岡本は、しかし事件の背景が明らかになると、「人外《にんがい》の行跡たる者」と、乱れた性行を咎められ藩邸を追放されている。

もっとほほえましい「来客」もいる。

元禄十三年（一七〇〇）四月二日、小石川の水戸藩邸から、足軽が十三、四歳の少年を連れて大塚の藩邸にやってきた。足軽の話によれば、少年は前日水戸藩邸の前をうろうろしていたという。ようすを尋ねると、自分は水戸領内下馬子村の者で、最近親類に連れられ江戸で職人の弟子となったが、用事で外出したところ師匠の住所を忘れて道に迷ってしまったので、親類の三之丞が御屋敷で奉公していることを思い出し、頼ってきたとのことであった。

ところが小石川の水戸屋敷には三之丞はいない。三之丞の在所縄子村は守山藩領だから、こちらの藩邸の間違いではないかと連れて来たというのである。

はたして三之丞は藩邸の台所で奉公しており、三之丞は早速小伝馬町《こでんまちょう》にいる少年の叔父《おじ》に連絡し、少年は二日後に無事引き取られていった。

藩邸は、領民がなんらかの理由で江戸に出てきたとき、困れば保護を求めて駆け込む場所であり、藩邸の方でも、なにかと彼らの便宜を計ってやったのである。

駆け込む人々

ところが領民でないにもかかわらず、藩邸に保護を求めにやってくる者もいた。元禄十年もおしつまった十二月二十五日の早朝、藩邸の玄関に一人の町人が訪れ、訴え申し上げたいことがあるといって取次を願い出た。

話を聞くと、彼は以前浅草《あさくさ》の材木屋に奉公していたが、聟《むこ》入りの件でいざこざがあり、今日にも目明《めあか》しに捕縛されそうである。非は相手にあり、にもかかわらず自分は追い込まれている、ついては、当家の殿様に事情を説明して助けてもらいにきた、というのである。

町人の話は藩主の耳に入れられたが、「不埒《ふらち》なる儀」として取りあげられず、町人は足軽に連れられ送り帰されてしまう。

この町人がなんの誰何《すいか》もうけずに藩邸の門を通り、玄関までたどり着けたのは、かつて藩御用達《はんごようたし》の材木屋に奉公していたことがあり、そのため門番に顔を見知られていたためであろう。

それにしても幕府（公儀）の末端的警察機構の追及から逃れるため藩邸に保護を願い出た背景には、もっと一般的な動機があったに違いない。その行動を促したのは、藩邸が公儀の警察力すら容易に立ち入れない空間であるという、藩邸＝サンクチュアリ（避難所、隠れ家）の認識ではなかったろうか。

こんな認識が一般的に浸透していたとしても、なんの不思議もない。なぜなら藩邸、よリ一般的に武家屋敷は、救いを求めて駆け込んでくる人々を、しばしば「囲《かこ》」う、すなわち追跡の手から保護してきたからである。

『玉滴隠見』に載る徳川家康の逸話もその一例である。

慶長《けいちょう》四年（一五九九）、加藤清正《かとうきよまさ》ら反対派の諸将に追われた石田三成《いしだみつなり》は、万策尽きて相手が他ならぬ反対派の中心的人物であると知りつつ家康の宿所に駆け込んだ。諸将は家康に三成の身柄を引き渡すよう要求したが、家康は応じない。「吾ヲ頼テ参候者ヲ吉々諸トモニ切腹ニ及候トテモ成間敷《なるまじく》」と、断固として三成を保護したというのである。この逸話は、しかし家康の度量の広さを顕賞する美談としては少し印象が薄い。なぜなら同じような話は、ほとんど腐るほど伝えられているからである。

たとえば『葉隠』にも同様の事例がみえる。

鍋島茂利の子深江介右衛門《すけえもん》のところに、ある日土井大炊頭《おおいのかみ》の家老の中間《ちゅうげん》が、傍輩《ほうばい》と刃傷《にんじょう》沙汰《ざた》を起こして駆け込んできた。中間の引き渡しを要求する大炊頭の使者に対して、介右衛門は「此度《このたび》の駈込者《かけこみもの》の儀は、鍋島の家に懸《かか》り申事に候、助（介）右衛門を人と存じ相頼み申候を、我身難儀《なんぎ》に及び候とて（身柄を）差出し候ては、侍の一分《いちぶん》立ち申さず候、某《それがし》一命に替申《かえもうす》覚悟にて候」と、家康同様断固とした口調で身柄の引き渡しを拒否するのだった。「家」の権威と自律性を堅持しなくてはいけない、またひとかどの武士と見込んで保護を求めてきたものを、むざむざ引き渡したら侍の一分が立たない、だから一命にかえても保護するというのである。

前掲の『武士としては』にも、駆け込みに関するいくつかの事例が挙げられている。〈その一〉水谷伊勢守と水野美作守《みまさかのかみ》は、屋敷も隣合わせで日ごろから、「水魚の交り浅からず」というほどに親密な仲だった。あるとき、美作守の家来が人を討って隣の伊勢守の屋敷に駆け込んだ。当然美作守の方からは、「出し給はれ」と身柄の引き渡しが要求されたが、伊勢守は、何度申し入れがあっても「此方へは来らず」とばかり返事をして、ついに駆け込み人を保護しきってしまった。

〈その二〉備前《びぜん》岡山藩の家来が、やはり藩邸内で人を討ち果たして逃亡し、松平相模守の屋敷に駆け込んだ。相模守の門前まで追いかけてきた足軽は、逃亡人が屋敷内に駆け込むのを見とどけたうえで、門番の者に「只今《ただいま》かけ入《いり》し侍を預け申す」と述べた。すると門番は思わず「なるほど預り申す（たしかに預りました）」と応答してしまった。まさに〝しまった〟ので、このため相模守側は「隠す事ならず」、駆け込んだ侍を引き渡さざるをえなかった。

〈その三〉阿部豊後守《あべぶんごのかみ》の家来が傍輩を討って佐竹修理太夫《しゅりだゆう》の屋敷に駆け込んだ。佐竹では豊後守が幕閣なので「遠慮過《すぎ》て（威勢を畏《おそ》れるあまり）」その侍を豊後守へわざわざ送り届けた。送り返された豊後守の方では、「珍敷《めずらしき》進物給《たまわり》候（これは意外な贈り物）」と驚いた。

〈その一〉は駆け込み人をあくまで「囲」い通した典型例。〈その二〉は逆に藩邸＝サンクチュアリに逃げ込んだ者が保護を解除されてしまった例だが、両家にとって駆け込み事件の処理がいかに重大な意味をもっていたかは、後日、追手を勤め機転のきいた口上を述べて相手の言質《げんち》をとった足軽が取り立てられ、一方、不覚にも言質をとられた相模守の門番が処罰されていることからもうかがえよう。

〈その三〉について、『武士としては』の著者は、佐竹側の処置が「世の咄《はなし》」となったと付け加えている。同書にはそれ以上のコメントはないが、同じ事件を取りあげた『玉滴隠見』を参照すると、この「咄」のニュアンスがより明瞭となる。

同書の「阿部忠秋《ただあき》家臣喧嘩事」によれば、これは慶安年間（一六四八〜五二）の出来事であった（阿部豊後守忠秋の老中在職は一六三三〜六六の間）。事件の経緯そのものに変わりはないが、侍が送還されたあとの部分が、こちらの方がもっと詳しい。

忠秋の曰《いわく》「喧嘩をして其身《そのみ》かいぐしく（立派に）き（斬）りたる者を何しに尋出し切腹させんや、然《しかれ》ども送り届けければ是非もなし、腹を切らせよ」とてほほえ（微笑）ませ玉《たま》ひ、「不便《ふびん》や々々」と仰せられけるとなん

豊後守は内心佐竹家が侍を「囲」って身柄を断固引き渡さないことを願っていた。なのにわざわざ送り還《かえ》されたからには、処刑しなくてはならない。さても武士の作法を御存知ない、そんな屋敷に駆け込んだかの侍が不便でならぬ……。

果たしてこれが豊後守の本心であったかどうかは確かめようもないが、佐竹の振舞いは決して賞《ほ》められたものではなかったということである。

『武士としては』がいう「世の咄」とは、『玉滴隠見』の言葉に置きかえれば、「如何《いか》に老中へけいはく（軽薄＝おべっか）したとして生《（生きたる）》人間を進上にせられたり」と、佐竹家の行為に指はじきする「江戸中の批判」にほかならなかったのである。

駆け込み人を囲わないのは武士の恥であるという倫理観は、『武士としては』の次の一条に凝縮された形で言明されている。

かけ込者をかこ（囲）ふは、此方をたの（頼）み来たる故なれば、武士のたしなみにて古今珍らしからず、留守なりともかこ（囲）ふ意地を妻や召仕にもしらせ置べきこと也。妻の仕かたあ（悪）しければ、夫のはぢ（恥）其子の名もよご（汚）るゝ所を能《よく》かんがへべきこと也。

夫の留守中に駆け込んできたとしても、妻や家来は「武士のたしなみ」として、これを保護しなくてはいけない。そうでないと夫や子供の名を汚す結果になろう。もし駆け込みを囲ったことで上からお咎めがあったら、そのときは腹を切るまで、名を汚すことにはならない。

あの、嘘をついてでも、ことめんどうな流血を避けよと勧めた著者の言とも思えぬほど、決然とした口吻《くちぶり》ではないか。裏返せば、駆け込み人を囲《かこ》う（保護する）ことは、それほどまでに重要な武士の慣習《ならわし》であり、屋敷内空間の不可侵性を維持することは、かくも「家名」にかかわる本質的な問題だったのである。

文芸作品にみえる駆け込み

例は腐るほどあるといった手前、文学戯曲からも例を挙げておこう。

貞享四年（一六八七）刊行の、西鶴《さいかく》武家物の一つ『武道伝来記《ぶどうでんらいき》』にも、囲う側の意地を余すところなく物語る話がみられる。

まず「内儀《ないぎ》の利発《りはつ》は替《かわっ》た姿」では――家老の金塚数馬《かなづかかずま》を討った安川権之進《やすかわごんのしん》は上方に立ち退《の》き、妻子を細井《ほそい》金太夫方に駆け込ませた。お気に入りの数馬を殺された主君の立腹浅からず、くわえて日ごろ仲の悪い権之進の妻子を囲ういわれなどないと主張する弟に、金太夫は「窮鳥《きゅうちょう》懐《ふところ》にいれば、猟士（師）も殺さずといへり、武士の意気、道理をたつる者は、世間の見る目と各別なり」と、あくまで身柄の引き渡しを首肯《しゅこう》しなかった。そして「愁《うれい》の中へ樽肴《たるざかな》」という話では駆け込み人の引き渡しを迫る使者に対し、「天地は動く共《とも》渡すまじきと」と頑《かたく》なに拒否する侍の姿を見ることができるだろう。

歌舞伎狂言からは、宝永《ほうえい》三年（一七〇六）に京都の四条《しじょう》通南側中の大芝居で上演された『けいせい寝覚関《ねざめのせき》』を例にとろう。複雑なストーリーの紹介は省略し、次の台詞《せりふ》を引用すれば十分である。


されば、大名の敵持《かたきもち》をおかくまいなさるゝは、きつい事じゃ　もしねらふ物（者）があらふか、討《うた》しては一ぶん（分）立《たた》ぬと有て、七ゑ（重）八ゑ（重）にへいをかけ、番とうきびしければ、中〳〵討《うつ》たよりとてはない。

敵討ちに命をねらわれている者を大名が困った。彼を討たせては大名＝武士＝家の面子《めんつ》がつぶれると厳重な警戒体制がしかれているのである。

そして駆け込みの場面を語る台詞もある。

此万蔵様の義（儀）は、なさけぶかいお大名と聞、やしき（屋敷）へかけこみ（駆込）、右のだん（段）〳〵を申、頼上たれば、きづかい（気遣）するなと有て、かやうにやしきへ入れ、御かくまいにあづかつた

舞台の上で繰り広げられる情景は、現実に起きた駆け込み↓囲いの情景と重なり合う。駆け込み慣行、藩邸のサンクチュアリは、ノンフィクションとフィクションの別を問わず、武士社会の伝統的な作法の一つとして、一般の眼に映っていたといえよう。

〝駆け込む者〟たちは、大塚の藩邸の前も、素通りはしなかった。『御日記』には、この種の訪問者の例が、厳密にいって二件記録されている（厳密にというのは、前述の乱心者のほかにも〝駆け込み〟を偽装して訪れたものがいるからで、こうした例はもちろん数えない）。

武家屋敷の玄関（『江戸雀』国立公文書館蔵）

はじめは寛文八年（一六六八）十二月十三日、森川蔵人《くらんど》の家来が、同家の家老を討って駆け込んできたときである。もっともこの男は殺害後すぐに守山藩邸に逃げ込んだわけではなかった。刃傷事件のあと、まずは近くの真田平右衛門の屋敷に駆け込み、そこで八日間ほど囲われたのち、武州忍《ぶしゅうおし》（現在の埼玉県行田市《ぎょうだし》）の地でさらに数日すごし、この日再び江戸にもどって守山藩邸に駆け込んだとのこと。少し間延びした話だが、「御奉公に望も御座《ござ》なく候間、如何様《いかよう》にも」して下さいと開きなおっているところをみれば、いつ追手に見つけられるかもしれない四面楚歌《そか》の状況下、切羽《せっぱ》詰《つま》って駆け込んだことがうかがえる。

もう一例は元禄二年（一六八九）十二月二十六日のこと。渡部主殿《とのも》の家来で中野新蔵と名乗る者が、七ッ過ぎ（午後四時ころ）、玄関前で次のような口上を述べた。

私儀、様子御座候て傍輩《ほうばい》藤田市右衛門と中者《もうす》を刺殺し立退き申候に付《つき》、追手足軽三人表町にて見掛《みか》け申候、日暮申候内、何とそ御囲《かこい》下さるべく候

同僚を討って逃げて来たが、追手はすでに間近に迫っている。もはや日も暮れどう活路をひらいていいか途方に暮れています、ついては今夜だけでも御屋敷内にかくまって下さい、というのである。

駆け込み人を囲う法

駆け込み人を囲う作法は、個人の意地や情けの問題ではなく、そういう個人的裁量の域を超える問題として、藩の「法」で規定された。たとえば元禄十二年（一六九九）の奥書がある安房《あわ》勝山《かつやま》一万二千石の領主酒井《さかい》家の法令集、『酒井家教令』をみてみよう。同書には、「奔込者《はしりこむもの》」＝駆け込み人があったときには、おおよそ次のような段取りで対応せよと定められている。

①ただちに（駆け込み人を）内玄関に通し、様子を聞き、その内容を家老と用人に申し上げよ。

②「付来者《つけきたるもの》」、すなわち追手がやってきたら、門番は「左様《さよう》の者は参らず」と応対せよ。

③もしも追手の者が、たしかに当家の門に駆け込むところを見とどけたといっても、門番は、あくまで知らないふりをしなければいけない。

④にもかかわらず、追手の者が、間違いなく当屋敷に駆け込んだと言いはるようなら、広間の方から、それでは屋敷内をくまなく調べてみましょうと声をかけ、しばらくしてから、どこか他の所に抜け出たのでしょうか、それとも貴方の見間違いでしょう、いずれにしてもそのような者は屋敷内にはおりません、と答えるように。

まるで〝狂言〟である。『教令』はさらに、「勿論何程《もちろんなにほど》間近に付来《つけきたり》候共《とも》、追来候者押留《おしとめ》、門内へ入れ申間敷《もうすまじく》候」——追手はどんなに間近に迫っていたとしても（つまり駆け込むところを間違いなく目撃していたとしても）、門内へ入れてはならないといい含める。すなわち追手の者に自明な嘘をついてでも駆け込み人を保護せよと「家法」で定めているのである。

ところで、これとほぼ同趣の「法」が守山藩でも成文化されている。藩成立後まもない寛文二年（一六六二）の九月晦日《みそか》に家中に申し渡された「御条目《ごじょうもく》」のうち、〈他所より此方御屋敷へ欠入《かけいる》者有レ之《これある》時之次第〉とあるのがそれで、追手が駆け込み人のすぐあとにやってきて引き渡しを求めた際の応対の仕方として、以下のように挨拶《あいさつ》するよう定めている。

只今門外より二三人内へ罷《まか》り通り候へども、左様の者は見え申さず候、各《おのおの》の御様躰を見掛け、何とやらん不審に存じ候に付、先《まず》門を打ち申し候、惣《そう》じて門外心元なき時分は門を打ち申し候様にと兼《かね》て申し付けられ候、屋敷中穿鑿《せんさく》致し追つて御返答申すべく候

たしかに今、門外から屋敷内に二、三人の者が入りましたが、けっしてお尋ねの者ではありません。皆様のようすが不審に思えたので門を閉めましたが、それは（別に門内のよ

うすを隠そうとしたのではなく）不審な者が門外を徘徊《はいかい》しているときには門を閉ざすようかねてから申し付けられているからです。お尋ねの点は、屋敷中を調べたうえ、おって御返事申し上げます。――規定の趣旨は、やはり嘘をついてでも、あくまでシラをきれということだろう。

「覚《おぼえ》」には逆の場合、つまり守山藩邸で殺傷事件を起こした者が他家の屋敷に駆け込んだ場合に追手を勤める者が、先方の門番所でどのように挨拶すべきかも定められている。

この場合は、まず先方の屋敷の「人がましき者（しかるべき役職の者）」を呼び出して、次のように挨拶しなければならない。

只今松平刑部大輔《ぎようぶたゆう》（守山藩主）家来の者、人を討ち此御屋敷へ欠入《かけいり》候に付《つき》、跡《あと》をしひ参り候、御穿鑿《せんさく》仰せ付けらるべく候、私儀軽き者の事に御座候間《あいだ》、罷《まか》り帰り、家老どもまで申し聞けべく候と存じ、ケ様《かよう》の御断《おことわり》申し候

右のように述べてから、先方の応対に出た者の名を聞いて早速もどるようにという。

囲わない風潮の拡がり

駆け込みの保護をみずからに義務づける作法がある一方で、駆け込み人を、むしろつとめて囲わないように定めた規定もみられる。

たとえば加賀藩では、寛文五年（一六六五）三月に、「走込人《はしりこみにん》」は、どんな理由があっても囲ってはならないと定められている。もっともこの規定は、あくまで「人をあやまり（殺害し）走込人」についてであって、必ずしもすべての駆け込み人を保護するなといっているのではない。

加賀藩の関係でいえば、このほか、三大将軍家光の養女大姫《おおひめ》が世嗣《せいし》前田光高《みつたか》に嫁した折、大姫付き用人の心得書（寛永十年〈一六三三〉発給）のなかにも、「走込の女ちやうじ（停《ちよう》止《じ》）の事」の一条がみえる。嫁ぎ先の前田家の家政（表方）に対して大姫側（奥方）が心得るべき事柄の一つとして、さまざまな庇護《ひご》を求めて駆け込んでくる女性を、奥方の判断で受け入れてはならないと定めているのである。

同様の心得は加賀藩に限らず各藩の記録にみられるが、これも「表方」と「奥方」の間の軋轢《あつれき》を避けようというのが趣旨であるから、駆け込み拒否の例としては少し特殊かもしれない。

では、寛文十二年（一六七二）に定められた弘前藩江戸藩邸「覚」の場合はどうだろう。

「覚」では、「走込の者」がきたら「早速出合、押留候て」、門をすぐ閉ざすように定められている。しかしいったん門内に駆け込まれたら、そのときは「追参り候もの内へい（入）り申さず候様に仕るべき事」と、追手をシャットアウトし、駆け込み人を渡してはならないという。

駆け込み人に対する拒否的あるいは消極的対応は、この慣行が武士の作法にかかわると広く認識されていただけに、拒む側にディレンマを感じさせないではおかなかった。『武士としては』の言葉を借りれば、「たとひかこ（囲）ひこそせずとも、目の前にたの（頼）みて来《きた》る者を何となく引出し殺すもいかが（むざむざ追手に渡して殺させるのも心苦しい）」というディレンマである。

ではどうすべきかといえば、『武士としては』の著者は、「作法見苦しからぬ様に仕方有べし」と曖昧《あいまい》な解決法を突き離したように示唆するだけである。路上で追手を背にした逃亡人と遭遇したときの対応について、あれほどうまいやり方を紹介してくれた著者も、〝駆け込み〟については、別のところで「切腹も辞せずに囲え」といったんは豪語したものの、あまり実用的なサジェスションは提示していない。

元禄四年（一六九一）、『鸚鵡籠中記』には、ある浪人が刃傷事件を起こして侍衆の家に駆け込もうとして、主人が留守だといって断られた話が載せられている。留守であれ居留守であれ、不在ゆえの拒否も、あるいは「作法見苦しからぬ」仕方の一つだったのだろうか。

儒者荻生徂徠《おぎゅうそらい》は、享保年間(一七一六〜三六)の時点で、昨今の武士が軟弱になったと繰り返し慨嘆せざるをえなかった。

……昔の武士の、さよう(左様)なる者をかこ(囲)いたるとも抜群の違いにて、ただ何もかも利口《りこう》を先とし、物をすりぬけ、よけはずし……(『政談《せいだん》』)

「さようなる者」とは、いうまでもなく駆け込み人のことであろう。〝駆け込み〟慣行は、武士の作法として疑いなく重要なものでありながら、しかし、これを〝囲う〟ことに消極的な新しい風潮が、十七世紀から十八世紀にかけて、誰の眼にも明らかなものとなっていたのである。

〝騙り〟の流行

ここでもう一度守山藩邸に目をうつし、駆け込みに対する対応の変化に注目してみよう。

前述のように、寛文二年(一六六二)の段階では、追手に明らかな嘘をついても駆け込み人を囲うのが藩の〝法〟だった。ところが六年後の寛文八年に森川蔵人の家来が家老を殺害して駆け込んできたときには、「囲《かこい》候儀罷《まか》りならず」と、庇護の提供を断ってしまう。翌九年に植村半助（幕臣）の下女が奥方に駆け込んできた折にも、「左様の者は囲ひ申さず」といって追い出してしまった。

元禄二年（一六八九）に渡部主殿の家来が傍輩を刺殺して駆け込んできた際には、脇差《わきざし》を改め、鍔本《つばもと》まで血が付いているのを確かめたうえ、必要な金品を支給してやったが、このときも藩邸に囲うことはせずに、護衛の足軽を付けて送り出している。つまり少くとも『御日記』を見るかぎり、一度として駆け込み人を完全なかたちで囲いきっていないのである。

囲うのを躊躇《ちゅうちょ》させた理由の一つは、ニセの駆け込み人が当時しばしば出現したためである。藩邸で渡部主殿の家来中野新蔵の脇差の血糊《ちのり》をわざわざ改めたのも、彼が本当の駆け込み人、刃傷を起こし窮余の末に逃げ込んできた者であるかどうか、真偽を確かめようとしたものにほかならない。

幕府の判例集の一つ『御《お》仕置裁許帳《しおきさいきょちょう》』には、「前方《まえかた》人を討《うち》、当分討候体《てい》致し、屋鋪《やしき》方之欠込《かけこみ》候者」、および「人を討候由偽《いつわり》、欠込候者」の判例が、それぞれ一件ずつ収録されている。本当はずっと「前方（以前）」に刃傷沙汰を起こしたのに、「当分（つい今しがた）」

討ってきたふりをして駆け込んだ例と、全然人を討っていないのに、偽って駆け込んだ例で、総じて騙《かた》りとしての駆け込みが行われた事例である。

前者は元禄五年（一六九二）のこと。堀外記《げき》の家来で小谷久兵衛という十八歳の侍が、傍輩を討って堀家を立ち退いてきたといって、石川主殿頭《とのものかみ》の屋敷へ駆け込んだ。しかしよく調べると、殺害したのは実は去年の九月のことで、にもかかわらず久兵衛は、あたかも今しがた逃げて来たように刀に血を付けてきたというものである。

後者は天和三年（一六八三）の事例。松平隠岐守の家来が、やはり傍輩を討ち果たしたといって大関信濃守の屋敷に駆け込んだ。広間に通し脇差を改めると果たして血糊が付着している。ところが血糊を拭《ぬぐ》いとると刀身に「骨引」がまるでない。怪しいと思って隠岐守方へ問い合わせると、そのような事実はないとのことであった。この男、実は加藤与五《よご》右衛門《えもん》という名の浪人で、国元《くにもと》に帰る旅費に困り、「兼《かね》て御屋鋪方之人を討候之由、欠込候へば、金子等下され候由 承《うけたまわり》候に付」――金めあての〝ニセ駆け込み〟を仕組んだことを白状した。

ちなみに小谷久兵衛は死罪、加藤与五右衛門には生活に詰まった浪人ということで情状酌量の余地があったのか、牢舎《ろうしゃ》（入牢）の判決が下されたが、半年後に牢死している。

同書にはまた、騙りにひっかからなかった例も挙げられている。

騙り者がある屋敷に駆け込んだとき、応対に出た屋敷の者が、「なるほどおっしゃることはわかりました。では貴殿と討たれた方の名前、そして討つに至った経緯を当方で書きとめますから、おっしゃって下さい」というと、騙り者は、そこまで考えてこなかったのか明瞭《めいりょう》に即答できない。そこで「扨《さて》は其方にはいつわりを申すや、左様の者を囲ひ合力(金銭を施し与える)抔《など》致す事かたく罷りならず候、早々立ち出づべし」と叱りつけると、すごすごと帰ったという例である。

これとほとんど同様の応対作法が、守山藩邸でも、元禄三年(一六九〇)に、「御屋鋪へ欠入者之《これ》有る節挨拶の儀」として定められている。駆け込み人が訪れたら、まず御目付部屋の路次に通し、次のように挨拶せよというのである。

近頃は方々か様なる儀偽り留め候由、其上旦那一類の方にも左様なる儀之《これ》有り候、もつとも御自分の儀は相違あるまじく候へども、まづまづ御様子具《つぶさ》に承り届け申すべく候間、御様子承り届け候儀御為《おため》に罷《まか》り成り候と思召《おぼしめ》し候はば勝手へ御通り候様に仕るべく候、弥《いよいよ》相違之なく候はば、侍の作法の通り何分にも御為に罷り成り候様に致すべく候、もしまた御様子承り届け候儀如何敷《いかがしく》思召し候はば、早々御退《の》きなさるべく候少し整理してみよう。「最近は駆け込みのニセ者が多いので、当方としましては、まず駆け込みに至った詳しい経緯をお尋ねしなくてなりません」「もしそれでもよろしいとおっしゃるなら（貴方がニセ者＝騙り者でないなら）、どうぞ勝手の方へお通り下さい」、真実まぎれもない駆け込みであることが判明いたしましたら、当家といたしましても〝侍の作法〟に従って便宜を計らうに吝《やぶさ》かではありません」「しかし事情を根ほり葉ほり尋ねられて迷惑するようなら（とりもなおさず施《ほどこ》しを騙り取りに来たニセ者だから）、足元の明るいうちに、さっさとお立ち退き下さい」——

たしかにここまですれば、騙りにはひっかからないだろう。

しかし駆け込み慣行の本質的な部分である、追われて駆け込んでくる者はとにかく囲うという元来すぐれて直截《ちょくせつ》的な武士としての意気、意地立ては、色褪《あ》せざるをえない。ここにおいては、〝侍の作法〟は武士社会のアイデンティティとして遵守されなければならないが、それは、さまざまな条件や手続きを経てはじめて行使されるようになっている。もはや〝侍の作法〟は行動の第一原則ではなく、原則に背馳《はいち》しないかぎりにおいて荘厳化される副次的な倫理観にまで後退している。

騙り者の増加は、しかし駆け込みを囲うことに対する消極的な風潮を導いた第一の理由ではないだろう。中野新蔵が駆け込んできたとき、藩邸では脇差の血糊を確認したにもかかわらず、金品（金五両、鐚《びた》二百文、木綿袷《あわせ》、木綿羽織、菅笠《すげがさ》）を与えただけで彼を囲おうとはしなかった。というより、本来なんら縁のない相手にしては、かなり多額な金銭をくれてやってでも囲うことを避けようとした、この一例を想起するだけでも、そうでないことは明らかである。

駆け込み慣行に対する消極的否定的風潮の背景には、もっと大きな政治的展開を想定しなければならない。

しかし、この問題に立ち入る前に、われわれはもう少し別の駆け込み者たちの姿に眼差《まなざ》しを移すことにしよう。次に登場するのは、生活に窮した余り援助を求めて藩邸を訪れたさまざまな浪人たちである。

仕官希望者の来訪

そんな浪人たちのうち、『御日記』にまず登場するのは、寛文四年（一六六四）九月六日に訪れた相田三郎右衛門である。

この日、三郎右衛門は表門を通って玄関前まできて、「頼もう」と声をかけた。田中嶋権右衛門が応対に出ると、三郎右衛門は「私儀浪人にて御座候、御《ご》譜《ふ》代《だい》筋《すじ》の者に御座候間、召出され御釜の火なりとも焼《たき》申し度《たし》」――御屋敷の釜焚《かまた》きでもいいから雇って下さいと願い出た。

権右衛門に、ここではそのような願いは取次がないから中玄関へまわるようにといわれて、三郎右衛門は、中玄関前でやはり「頼もう」と声をかけ、足軽小頭の長兵衛に懐中から取り出した巻物を渡そうとした。

おりから祐筆《ゆうひつ》の上野金兵衛がその場に居あわせたが、金兵衛は巻物を受け取らせず、三郎右衛門にとりあえず腰掛《こしかけ》のところで待つように述べたのち、家老の大嶺正左衛門と和田九兵衛にこの旨を上申する。両家老は評議の上、徒横目《かちよこめ》の者に三郎右衛門の申分を聴取させた。

三郎右衛門の述べるところによれば、彼の親は以前薩摩守《さつまのかみ》（松平忠吉《ただよし》、家康の第四子）に仕えていたが、主君の死後浪人となった。彼自身も一度板倉内膳《ないぜん》に仕官したものの、十四、五年前に浪人し、今は眼医者などをして日を送っているという。

これに対して藩邸側では、「ふてん（不典）にケ様《かよう》仰せ聞かされ候はば抱《かか》え申さず候」――突然訪れて不典（作法も弁《わきま》えず）に仕官を願い出ても、当家では召抱えないことにしていると述べたのち、「ケ様の儀承り候者、今日他行《たぎょう》致し候間、罷り帰り次第仰せ聞かされ候趣《おもむき》具《つぶさ》に申し聞けべく候」――現在担当者が外出中ですので、帰りしだい貴殿の件を申し伝えますから、今日のところはとりあえずお帰り下さいといって、体《てい》よく追い返してしまった。

相田三郎右衛門が表門から玄関まで難なくやってこられたのは、玄関番が三人とも番所を留守にしていたせいで、三人は同日、重ねてこのような不始末がないよう戒告されている。

それはともかく、三郎右衛門はこれでも仕官をあきらめようとしなかった。月が変わって十月七日、今度は大吟味役の田中平太夫方に書状を寄こし、「先日は初て御意《ぎょい》を得、大慶仕り候、其節申し上げ候とおり、私儀召出され候様になされ下さるべく候、御序《ついで》の刻《きざみ》御年寄中へ御執成《とりなし》頼み入り候」と、藩邸の重役たちに自分の仕官を執り成してくれるよう懇願するのだった。

しかし、藩の対応は相変わらず冷淡だった。平太夫は、貴殿とは一面識もありませんからといって書状を送り返してしまうのである。

ところが三郎右衛門の仕官願いの件は藩主の耳にも入り、藩邸側もあまり冷たくあしらうのも憐《あわ》れと思ってか、中間頭《ちゅうげんがしら》を平太夫の使いとして三郎右衛門の家に遣わし、次のような趣旨の口上を述べさせた。

当家では当人が直接仕官を願い出ても取り上げないことにしています。したがって貴殿のおっしゃることがどれほど道理にかなっていたとしても、「家の作法」ですから仕方ありません。

つきましては「御望の儀、思召切候事《おぼしめしきり》尤に候《もつとも》」――仕官願いの件はお諦《あきら》めなされた方がよろしいかと存じます。

かくて浪人相田三郎右衛門の仕官願いは、徒労に終った。

それから六年たった寛文十年（一六七〇）今度は藩主が江戸城登城を済ませ藩邸にたどり着いたとき、表門前で年のころ五十ばかりの男が訴状を差し出した。男は即座に取り押さえられ、訴状は直接藩主の手に渡らなかったが、その後、湯浅彦助（徒）が男に事情をただすと、

永々《ながなが》浪人、子共数多之《あまたこれ》有り、餓《うえ》に及び申し候、殿様には御慈悲に御座あそばされ候由《よし》申し候間、願い上げ候

生活に行き詰まった子《こ》沢山《だくさん》の浪人の直訴《じきそ》であった。この男の場合、仕官を願い出たのか、それとも慈悲深い殿様であるという評判を聞いて（もっとも実際に聞いていなくてもこのようにいうだろうが）、とりあえず飢えをしのぐために情にすがったのか定かでない。

彦助は「このような事を路上で取り次ぐことはできません。誰か人を介して申し上げる

べきでしょう」と述べ、浪人の名を尋ねたところ、「御取り上げなきうへは名を申すまでもなし」といって姿を消してしまったという。

煩わしいかもしれないが、もう一つ事例を紹介しよう。

延宝元年（一六七三）七月十日、家老中野九左衛門のもとに、吉田五郎助と名乗る浪人が訪れた。自ら語るところによれば、以前さる大名の家老の職にあったが今は浪人の身、「御慈悲の殿様と承り候間」、草履取りでもいいから召し抱えてほしいというものだった。

これに対して九左衛門の応対は、仲介者も立てずに突然仕官願いに訪れるような不作法者は、殿様がどんなに慈悲深かろうと召し抱えるわけにはいかぬ。その辺のところを御自分でもよく反省してみて下さい。ご自分の願いがどんなに作法に反しているかを……というものだった。こういわれると、浪人は「如何にも左様に候」と意外にあっさりと立ち去っていった。

哀願と謝絶の作法

「牢人《ろうにん》は名さへうたてし穴冠《あなかむり》午か牛か《うま》と人の争ふ」（万治三年刊『可笑記評判』）右は牢（穿）人の「牢」の字解き歌。まさか午（馬）か牛かと貶《おとし》められたわけでもあるまいが、とりたてて身過ぎの芸を持ち合わせない浪人たちは、戦乱が終焉《しゅうえん》しきった世の中で、日々の糊口《ここう》に汲々《きゅうきゅう》としていたに違いない。幕府の大名とりつぶし策によって、とりわけ江戸時代初期には浪人が量産されたし、綱吉時代（一六八〇〜一七〇九）には、大名の廃絶ばかりでなく幕臣団に対しても厳しい姿勢が示され、職務不良の理由で処分された幕臣も少くなかった（深井雅海「綱吉政権の賞罰厳明策について」参照）。いきおい浪人は巷《ちまた》に溢《あふ》れざるをえなかったのである。

ここで浪人にまつわるエピソードを、いくつかふりかえってみよう。関ヶ原《せきがはら》の役の折、前田利家の一族前田慶次郎《けいじろう》は「大ふへんもの」と記した指物《さしもの》を用いていた。まわりの者に自ら「大武辺者」と誇るのはいかがなものかと咎められた慶次郎は、からからと打ち笑い、「扨《さて》も〳〵何《いずれ》も文盲かな。仮名の清濁だに知らず、我ら事久々《ひさびさ》浪人にて金銀なきゆゑ、大ふべん者と申事なり」と述べたという。「大ふへんもの」とは、大武辺者ではなく、大不便者のことだったのである。

浪人の「不便」、経済的な不如意《ふにょい》を物語るエピソードには事欠かない。『葉隠』には生活に窮して蔵の物を盗んで死罪に処せられようとする浪人が、「ほの〳〵とあかしかねたる朝夕に、しまがくれざる米ほしとぞおもう」と狂歌を詠んで助命された話が載せられている。これも卓抜な言語遊戯なので解説が必要だろう。

実はこの浪人、以前は鍋島志摩守《しまのかみ》の家来で、「しまがくれざる……」には、文字通りの

「島隠れざる」に「志摩がくれざる」を掛けた二重の意味が投影されており、土壇場《どたんば》の哀しい即興がみずからの命を救ったのである。

なにか洒落《しゃれ》めいた話ばかり先行したが、もちろん切実な話もないわけではない。たとえば『玉滴隠見』には、延宝七年（一六七九）、将軍の東叡山参詣《とうえいざんさんけい》の折に、中村宗斎という浪人が直訴状を差し上げた話が載っているが、宗斎がそうせざるをえなかった理由は、「数年ガ間流浪セシ故年クチ（朽）、渡世ニコマ（困）リ、終《つい》ニセン方ナクシテ……」ということだった。

それにしても、浪人はどうしてこんなに明らさまに慈悲を乞《こ》えるのだろうか。『葉隠』にみえる永山六郎左衛門のエピソードは、あるいはこの疑問に対してヒントを提供するかもしれない。

ある年六郎左衛門が東海道《とうかいどう》の浜松宿《はままつしゅく》に通りかかったときのことである。宿はずれで物乞いをしていた者が、六郎左衛門に向って、「越後浪人にて候、路銭に詰《つま》り難儀仕り候、士《さむらい》は互《たがい》の事に候、御見次《みつぎ》下され候」と哀願した。

ところがこれを聞いた六郎左衛門は立腹し、「士は互の儀とは推参《すいさん》（無礼）なる事を申し候、我等など其体《そのてい》になり候時は腹を切り申し候、路銭なくて恥をさらすべきよりは、そこにて腹を切り候へ」と叱りつけ、逆に切腹を促したと記されている。

自分は浪人で旅費にも事欠いている。あなたも私と同じ侍なら、互助精神に則《のっと》ってどうか御合力下さい、というのが浪人側の論理。対して、拙者を物乞い同然のお前と等しなみにするのは無礼至極、本当の侍なら恥をさらさずに潔く腹を切れ、というのが六郎左衛門のいい分であった。

ところでこのエピソードで浪人が持ち出してきた互助の論理、〝士は互の事〟こそ、浪人たちの生活援助要求行動を支え、正当化する論理ではなかったか。

〝士は互の儀〟あるいはより一般的には〝侍は相見《あいみ》互《たが》い〟と呼ばれる論理は、この逸話ではにべもなく切り返されているが、おそらくは幕藩体制的な武士編成ができあがるずっと以前から、武士の作法、武士仲間の慣習として認知されていたに違いない。

守山藩邸が、突然やってきて仕官や経済的援助を願い出る浪人たちに対して、冷やかといえば冷やかだが、考えてみれば意外なほど懇切丁寧に応対している理由も、こうした互助の論理を想い浮かべるとき、はじめて理解できるだろう。

藩邸を訪れ、「御慈悲の殿様と見込んで」、「草履取りでも釜焚《かまた》きでもよろしいから」と仕官や援助を哀願するのが浪人側の常套《じょうとう》＝作法であったとすれば、守山藩邸側が相田三郎右衛門に対して、担当者が外出しているからとりあえずお帰りを、と応対したのも、必ずしもその場の機転ではなかったようである。前掲の『酒井家教令』に、「若浪人抔《など》申訴訟人来候はば、他出仕り候、家老共に他出仕り候、重《かさね》て出られ候得《え》と申、帰し申すべく候」という箇条を見いだすことができる。家老や責任者が外出中だから今日はお引きとり下さいという応対の仕方は、当時、頻繁に浪人たちの「来訪」をうけた大名たちの屋敷の間で、しだいに一律化し、場合によっては成文化されるに至った作法にほかならなかったのである。

そうはいっても冷たい作法である。居留守を使ってまで浪人たちの願いを頑《かたく》なに拒んだのはなぜだろうか。とりあえず考えられるのは経済的理由。藩財政が日増しに苦しくなっている折から、「侍は相見互い」といわれても、自分たちの組織（藩・家）に所属していない浪人たちにまで救助の手をさしのべるだけの余裕がなくなっていたためである。

しかし浪人の仕官＝新規召抱えについていえば、全く行われなかったというのではない。いちいち挙げることは避けるが、『御日記』だけをみても、かなりの数の浪人が新規に採用されている。相田三郎右衛門らが、「伝手《つて》」＝仲介者、紹介者がいないからとにべもなく追い返された背景には、財政困窮による人員削減の方針以外に、もう一つ別の理由があった。

“たかり浪人”対策

延宝七年（一六七九）三月二十四日、松平陸奥守の屋敷の「式代」（式台＝玄関前の板敷のところ）に猪俣平六と名乗る浪人が訪れた。平六は「拙者義永々ノ浪人故渡世ニ迷惑（＝困窮）仕候間、少々金子御助成ニ預度奉《あずかりたくぞんじたてまつり》レ存候」――生活に困っているから金子を少々頂戴したいというのである。

藩邸側は、「今日ハ家老ドモ用事ノ義候間、明後廿六日ニ入来有ベシ」と、作法どおりに居留守（?）を使ったが、これは正解だった。約束の二十六日になっても平六は姿を見せず、あとになって、彼は実は幕府御鷹師頭加藤伊織《いおり》組に属する猪俣助右衛門の養子で、浪人ではない事実が判明するのである（『玉滴隠見』）。

『鸚鵡籠中記』にも、騙《かた》り者、詐欺《さぎ》師としての浪人たちが登場する。

浪人河野清右衛門は「朝夕貧窮にして一銭の貯へなし」という極貧生活を送っていたが、俄《にわか》に家老以下若党、中間、鎗持《やりもち》まで召抱え、屋敷を購入し、衣服は美を尽すようになった。「吾《われ》、越前の国にて七千石取の養子に成《なり》、近日迎として人来るべし」というのである。ところがこれは詐欺で、あらかじめ借金を踏み倒し騙り取ろうとしたものだったという（元禄七年）。

元禄十三年には、京都で自分は「大樹《たいじゅ》之御子」――将軍の実子であると広言する、天一《てんいち》坊《ぼう》の先駆のような浪人（松平喜平次）も出現している。

ここで昭和三十七年に公開された映画『切腹』（小林正樹監督作品）を想い出してみよう。寛永年間のある日、江戸外桜田《そとさくらだ》の彦根《ひこね》藩邸を訪れた浪人津雲半四郎は、そこで藩士らと阿修羅のごとく斬り結び、力尽きて惨殺された。半四郎の怨念《おんねん》のそもそもの原因は、以前半四郎の娘婿が彦根藩邸でなぶり殺しになったことにあった。

なぶり殺しといっても事情は少し屈折している。当時、大名屋敷におもむき玄関先を借りて切腹したいと申し出《い》で、金銭を恵まれて帰ってくるという一種のたかりが流行しており、生活に窮した半四郎の息子は、思い余ってその轍《てつ》を踏もうと、彦根藩邸を訪れたのである。

ところが藩邸では裏をかいて、「では切腹してみろ」と切腹を強要、半四郎の息子は竹光を突き刺して無慚《むざん》な死を遂げた。

この映画は滝口康彦《たきぐちやすひこ》の短篇小説『異聞浪人記』に基づいているが、当時、たしかにこのようなたかりまがいの浪人が横行していたらしい。

浪人たちの〝たかり〟の日常化に伴って、藩邸側の応対作法も〝欺瞞化《ぎまん》〟し、冷やかなものとなっていった。〝侍は相見互い〟という武士の作法は、タテマエとしては存続しながらも、藩と浪人とを問わず、武士社会が都市の経済的条件に拘束される程度が強まるにつれ、日常的な経済生活に従属せざるをえなくなっていたのである。

浪人が藩邸で切腹するという情景は、実は『御日記』にも記録されている。延宝三年（一六七五）七月二十九日の四ツ時分（午前十時ころ）に、幕府の若年寄《わかどしより》土井能《の》登守《とのかみ》からの使者と称する者が小石川の水戸藩邸を訪れた。どうも怪しいので問いただすと、実は小川三左衛門という浪人で、「方々取組申候得共、不仕合《ふしあわせ》にて身上《しんしょう》片付き申さず候、如何様《いかよう》御草履取なりとも召仕はれ下され候様にと存詰《ぞんじつ》め、伺公致《しこう》」した旨を白状した。運が拙《つたな》くてなんど仕官願いを試みてもかなわず、当家の草履取りでもと思い詰めてやってきたというのである。

ところが水戸藩でも浪人の仕官願いは誰かしかるべきつてを通すのが作法となっており、その旨申し聞かせて取次ぎを断ると、浪人は「御座鋪（敷）をも穢《けが》し申すべく」と切腹の意志を仄《ほの》めかす。藩邸側ではいろいろと宥《なだ》めたが、浪人はそのまま帰るとみせ辞去の挨拶をしながら「脇差を抜き腹へ突き立て」てしまったという。

駆け出る人々

暮らしに困って、釜焚きや草履取りでもいいからと訪れる人々がいる一方、やはり生活の窮迫に耐えかねて藩邸を自ら去る者もいた。『鸚鵡籠中記』の筆者は、宝永元年（一七〇四）に乞食に身をおとした旧知の者とぱったり出会ったことを書きとめているが、この男も、かつては江戸の尾張藩邸に在住していた。当時から貧窮を極め、汚れるにまかせた衣服からは悪臭がたちのぼるほど。仲間が何度か救いの手をさしのべたにもかかわらず、七夕の日に着す白帷子《しろかたびら》にもこと欠く有様で、ついに藩邸を立ち退いたのだという。

天和元年（一六八一）十月二十三日、御徒目付御雇の都築善右衛門が、古葛籠《つづら》一つを米袋に入れて背負い脇差だけという姿で、妻子を連れて大塚の藩邸の西門から、深夜「立退」いた。善右衛門がなぜ夜逃げしなくてはならなかったか、『御日記』はなにも触れていない。

しかしこれよりさき、寛文十一年（一六七一）二月六日に藩邸を去った鈴木左助（御取次）の場合は理由が明らかだった。永《なが》の御暇を賜わりたいという願書を提出したうえで立ち退いているからである。願書には神文血判を添えて、次の三条が箇条書きされていた。

一、不勝手につき大分の借金これ有り、身上相続かず候事
一、上に対し毛頭《もうとう》御不足これなき事
一、勝手たる居所を拵《こしら》え御願ひ申し上ぐにてこれなき事

暮らし向きが苦しいために借金が重なって、これ以上生活を維持することができません。お暇を願うのはあくまで生活が苦しいからで、殿様に対する不満はこればかりもありません。そして第三条は、ほかによい仕官先を見つけたので鞍替《くらがえ》するためにお暇を願ったのではない旨を断ったものだろう。

財政窮乏は、当時ほとんどの藩で慢性的に進行していた。守山藩もまた例外ではない。「慈悲」を求めて訪れる浪人と、毛頭《もうとう》「御不足」はないと断りつつ立ち去る藩士。大塚の藩邸の門を、期待と失望がこもごも通り抜けていったのである。

火事と生類をめぐる政治

〝敵は火事なり〟

旗本天野長重《ながしげ》は、寛文十年（一六七〇）の正月十五日、次のように書きとめている。

今時忠之道を思はんは、武道の儀は常の習《ならい》、書くに及ばず、当分の御敵は火事也《なり》

（『思忠志集』）

明暦《めいれき》の大火（一六五七）はいうまでもなく、その後も江戸は頻繁に火災に見舞われた。のちに日本を訪れた外国人の目に、地震や火災後の廃墟《はいきょ》のなかで人々は意外なほどさばさばした諦念《ていねん》におおわれているように映ったが、権力＝幕府についていえばこのような解放感とは無縁である。

火災発生は由比正雪《ゆいしょうせつ》の変の例を引くまでもなく、容易に反乱のイメージと重なり合い、したがって防火は、民生の安全のためばかりでなく、すぐれて軍事的な治安維持上の最重要課題であった。寛永二十年（一六四三）の大名火消、万治《まんじ》元年（一六五八）の定火消《じょうびけし》創設など、『御日記』の記述が始まる前から幕府によって消火組織の編成が進められていたが、その後も所々火消、方角火消などの組織が補充され、やがて享保改革の過程で町火消

が整備されることになる。

しかし今はそこまでは言及しない。天野長重の時代、とりもなおさず『御日記』の時代に、江戸の防火（および消火）がいかに重要な課題であったかを、「当分の御敵（さし迫った敵）」という言葉からとりあえず確認しておこう。

再び大塚の藩邸に目を移す。ここでもやはり火災が生じる危険は少なくなかった。

延宝四年（一六七六）四月十一日の早朝、坊主部屋脇の「惣雪隠《そうせっちん》」から煙が細くたち登っているのを、右筆《ゆうひつ》が発見した。右筆は坊主に知らせたのち横目方《よこめかた》に注進、徒《かち》横目の当番が立ち合って消火に当った。出火といってもほんのボヤだったが、以後は雪隠（便所）に「紙燭《しそく》堅く停止《ちょうじ》」の札が立てられ、ただでさえ暗い雪隠は、防火という最重要テーマのために明かりを灯《とも》して用を足すことすら許されなくなった。

これよりさき、寛文十年（一六七〇）にも台所の竈《かまど》が焼けて板敷が六、七寸四方にわたって焼け抜ける失火事件が起き、いち早く消火にあたった足軽に褒美が下賜されている。ボヤを消しとめて褒美をもらう者もいれば、不注意で火を出して夜逃げ同然に藩邸を立ち去る者もいた。

寛文九年正月、御厩《うまや》方手代堤仁左衛門《にざえもん》の場合が、そうである。仁左衛門は、自分が管理責任を負っている厩舎《きゆうしや》用の藁草《わらくさ》置き場から火が出たことを気に病み、伯母《おば》を同伴して藩邸の塀を乗り越えて逃げ出したが、結局、見つかって連れもどされ、拷問にかけられてしまう。

ところで、藩邸を夜逃げしたのち、仁左衛門が身を隠したさきは旦那寺であった。御屋敷から火を出したのが「申訳ケも御座なく」思って、旦那寺に〝寺入《てらいり》〟したのだという。失火の際に、火元となった者が刑事上の責任を逃れるため寺に駆け込む〝火元入寺〟の慣行については、すでに詳細な先行研究があるので（たとえば高木侃「火事と火元入寺」）ここでは説明を省こう。

藩邸側は、仁左衛門のとった行動が「寺入仕り候儀、町人百姓抔《など》の致し方」で、藩の奉公人にふさわしくないとして御暇《おいとま》を申し付けている。

藩邸内の失火にだけ注意すればよいというのでは、もちろんない。近所で失火があって火災が広がれば、藩邸も類焼を免れないだろうし、そうでなくても守山藩邸のある地域は、護国寺《ごこくじ》（天和元年建立）、伝通院、白山《はくさん》御殿など、将軍家にゆかりの深い施設が散在するため、いわば防火重点地区の指定を受けざるをえなかったであろう。

天和三年（一六八三）六月、〝出来星《できぼし》（俄《にわか》に出現した星）〟出現の風聞が伝わると、「何時成《なり》とも見付け次第申し上ぐべし」という藩主の命をうけて、藩邸の火の見櫓《やぐら》には終日二人ずつ詰めて四方を見まわしたという。このときはまた「火の廻り御足軽」や「拍子木番」

などが駆り出されたが、これらの人々が、本来、藩邸内外の出火に対応するため編成されていたことはいうまでもない。

火災通報の音色

天和元年、守山藩は幕府から「火消」を申し付けられた。このためだろう。それまで「定小遣」三名が夜中の五ツ時（午後八時ころ）まで拍子木を打っていたのを、以後は一名増して四名で、暮六ツ半から七ツ半（午後七時～翌朝の午前五時）まで火の用心の拍子木を打ってまわるように改めている。

このときの「覚」によれば、「御請取之場所（消火担当地域）」は、西は伝通院前通中山主馬《しゆめ》組屋敷北頬《がわ》（側）、目白台通りまで、東は伝通院西脇の小路から松平刑部大輔屋敷、すなわち守山藩邸の末までで、この地域を「物頭《ものがしら》」が巡回するように定められている。

しかしいわゆる〝お七《しち》火事〟の翌年の天和三年になると、守山藩の火消役も解かれ、その後守山藩では、近所の松平播磨守《はりまのかみ》家中と隔日で「風廻」を勤めるだけでよいことになった。

防火、消火体制の目まぐるしい改正は、火事の音、出火の折に藩邸から流れでる音にも直接の影響を及ぼした。音といえば拍子木の音のほかに出火をしらせる太鼓の音がただちに思いつくが、一概に太鼓といっても、打ち出される音は多種多様である。たとえば元禄九年（一六九六）に家中に触れられた「失火之節太鼓打様《うちよう》之覚」によれば、打ち方は、失火場所に応じて次のように変化する。

一、御殿場（白山御殿、五代将軍綱吉の館林《たてばやし》藩主時代の屋敷）失火の節は急太鼓を打つこと

附り、御殿場御曲輪《くるわ》近辺の出火であるようならやたら打にすること

一、護国寺（綱吉生母桂昌院によって創建）失火の節はやたら打

一、水戸様および播磨守様（松平頼隆《よりたか》、守山藩初代頼元の弟）の御屋敷が失火の節は、まずやたら打、殿様御出馬の折静太鼓

一、御合壁《がっぺき》（ご近所）失火の節はやたら打。万一御屋敷内失火の節は、前々の通り鐘太鼓もみまぜ打

太鼓と鐘の組み合わせや強弱がくり出す音のバリエーション。しかしこんな音の作法も、わずか三年後には「自今以後、失火之節、鐘太鼓打ち申さず候様に」と申し渡され、廃止されてしまう。火事をめぐる政治は、町の〝音〟環境を変えてしまうのである。

藩邸空間の自律性

火事をめぐる政治が最も顕著な展開を見せるのは、しかし消火組織の改正でも失火の際

に流れる音でもない。それはなににもまして、藩邸内への公儀火消衆の出入をめぐって繰り広げられる、藩と幕府のやりとり、応対作法の変化であるように思われる。

〝すわ失火〟となれば、当の屋敷内からの出火であれ隣接の屋敷の失火であれ、火消衆が自由に屋敷地内に立ち入って消火にあたるのが望ましい。

ところが藩邸の門の内は、駆け込み慣行でみたように、他の介入を拒みあくまで自律性を守ろうとする傾向が強く、幕府の役人であっても、一定の手続きを経ずには容易に立ち入りにくい空間だった。

事実、幕府の火消衆と、これを門の内へ入れようとしない藩邸の者との間で、しばしば緊張が醸《かも》し出された。

貞享三年（一六八六）三月、幕府から、留守居《るすい》を通して、先月火災の折に火元の近所の屋敷で門を閉じて火消衆を入れようとしないところがあったが、以後火災の際には、火消衆を滞りなく屋敷内に入れるようにと申し渡されている。

門をへだてて内と外で繰り広げられる緊張は、まかり間違えれば戦闘状態にまで発展することがあった。元禄三年（一六九〇）三月のある火災の夜、幕府の火消衆が永井某《なにがし》の屋敷に入ろうとしたところ、屋敷の預主松平小太夫の家来たちは、門を打って火消衆を内に入れようとせず、定火消の一隊が門を打ち破って入ろうとすると、門内から鎗《やり》が突き出されたという。

小太夫の家来は後日手討ちになったと記録されているが、同じような緊張関係は、程度の差はあれ、江戸のさまざまな門前でしばしば観察されたのではなかったか。

では守山藩邸の場合はどうだろう。駆け込みがあったらただちに門を閉め、追手に嘘をついてでも保護するように定めた寛文二年（一六六二）九月の「御条目」を、再び披《ひら》いてみよう。同条目のなかに「火事有レ《これある》之時之次第」として、次のような記述をみることができる。

一、公儀火消衆参られ候はば、一応御断り申し候て、夫《それ》にても火を消し申さるべく候由に候はば、屋鋪の内は取込み候間、外より表長屋へ階子《はしご》掛け人を御上させ下さるべく候由、兼《かね》て刑部大輔（守山藩主松平頼元）申し付け置き候由、挨拶致さるべきの事

幕府の火消衆がやってきたら、ひとまず門内に立ち入ることはお断り申し上げ、それでもどうしても入ろうとするなら、「たいそう取り込んでおりますので、外から表長屋へ梯《はし》子《ご》をかけて下さるよう、かねて藩主より申し付けられております」と挨拶《あいさつ》するように、というのである。

「表長屋へ梯子を掛けて人を上げる」ということの具体的情景がいまひとつ明瞭《めいりょう》でないが、要は、幕府の火消衆が門内に入ろうとしても、体《てい》よく断り入れないようにせよと定めたものにほかならない。ここには藩邸内空間の自律性、不可侵性を守り抜こうとする姿勢が顕著に表われている。

揺らぐ自律性

ところが寛文十二年（一六七二）十二月の「御屋鋪失火有之節御人割之次第」になると、藩邸側の姿勢は後退し、「火が出たら門を閉め、もしわずかな失火であれば幕府の火消衆にその旨を申し述べ（門内への立ち入りを御遠慮いただくように）、それでも是非門内に入りたいと申し入れがあったら、その時は入れるように」と定められている。

幕府火消衆への応対は、「水戸様、播磨守様、小笠原遠江守殿、同隼人殿」ら親族から派遣された火消衆についてはこれを無条件で門内に入れるよう定めているのと較べればなお強硬だが、それでもこれらの諸家以外の衆は、「御門外にて挨拶致し返し申すべく候」と、門内への立ち入りは全く論外視しているから、藩邸側としてはかなりの譲歩であったことがうかがえる。

延宝五年（一六七七）十月にも「万一御屋敷内失火之節之覚」が定められているが、これは寛文十二年のものと大差ない。

前の年に起こったいわゆる八百屋お七の大火の記憶も生々しい天和三年になると、〝門をへだてた内と外のやりとり〟において、内＝藩邸側の後退は、もはやおおうべくもない。すなわち火災が生じたら門を閉めるというのは従前通りでも、その後、幕府火消衆がやってきたら、「御門へ出、早々入れ申すべき事」と定められているのである。

火事を媒介（理由）にした、幕府の藩邸内空間に対する介入の強化は、「附火《つけび》（放火犯）」の検挙にも表われる。

天和三年正月、幕府から、放火犯およびそれと紛らわしい者が藩邸内を徘徊《はいかい》していた場合には、たとえそれが藩の家来であったとしても、幕府が直接取り調べにあたる旨が令達された。「公儀にて穿鑿《せんさく》を遂げらるべく候条、自分に仕置申し付けず」――藩の自分仕置《じぶんしおき》（専決的な処分）が否定されたのである。そしてこうした傾向はしだいに強化されていった。

元禄十三年（一七〇〇）八月九日には、江戸城に諸藩の留守居が集められ、このたび目付水野小左衛門ほかが「火の元改め」を拝命したので、同人たちが諸大名の屋敷内に入って火の元を改めるから、その旨承知するように申し渡されている。

幕府側はいう。「依之《よって》何方《いずかた》の御門成共《なりとも》参られ次第囲ひ申すべし」、幕府の火の元改めが訪れたら、ただちに門を開いて藩邸の中を調べさせるように、と。

明暦の大火（『むさしあふみ』国立公文書館蔵）

ここにおいて藩邸が「囲」わなくてはならないのは、保護を求めて駆け込んでくる逃亡者ではなく、藩邸のそのような不可侵性、サンクチュアリを抑制する公儀の眼にほかならない。

藩邸内の猪狩り

『御日記』には動物も登場する。たとえば寛文十年（一六七〇）三月十九日のこと、池袋《いけぶくろ》にある守山藩の抱《かかえ》屋敷で犬が茄子《なす》の苗を踏み散らすのを防ぐため、トゲの多い皀角《さいかち》の枝で囲いを結って畑への侵入を防ぐよう申し渡された。犬は、大塚の藩邸でもしばしば悪さをしたらしい。天和三年（一六八三）の『御日記』には、藩邸内で犬狩りが行われたことが記録されている。犬狩りといっても、若殿様の愛犬を間違えて狩り出したらたいへんである。御愛犬には鈴が付いているからくれぐれも注意するよう申し渡された。

悪さをするのは犬だけではない。寛文十一年七月には、奥方で〝いたずら猫事件〟が起こっている。たんに御膳《ごぜん》の魚を盗み食いしたものか、はたまた猫類特有の妖気《ようき》を発散させ人々を怯《おび》えさせたものか、悪戯《いたずら》の内容については具体的な記述を欠くので、明らかでない。ただこの〝事件〟は、その処理をめぐってちょっとした波紋を生んだ。

いたずら猫をつかまえよという仰せをうけた近習《きんじゅ》の者が、勘違いして、藩邸内で飼っている猫をすべて門外に出してしまえと触れ廻《まわ》ってしまったのである。その後問題の猫は無事捕えられたが、くだんの近習は、御意《ぎょい》の趣旨をよく確かめなかったことが「不届」とされ、以後十分注意するよう譴責《けんせき》を受けたと記録されている。

犬や猫くらいなら、現在でも屋敷といえるほどの構えなら、何匹かうろつくこともあるだろうが、池袋や本所《ほんじょ》にあった守山藩の下屋敷《しもやしき》の敷地内には、もっと違った動物が紛れ込むこともあった。

元禄五年（一六九二）、幕府の小人《こびと》目付から、今から畑を荒らす猪を追い払うので、もし下屋敷の内に逃げ込んだら追い出すよう申し入れがなされているし、翌六年にも、藩の留守居が大目付に呼び出され、同様の旨を通達された。

この際、大目付が耕作を妨げる動物として挙げたのは猪のほか鹿と狼、もしこれらの動物が下屋敷内に逃げ込んだら、あまり大声で騒ぎ立てずに追い出すようにというのである。その際大目付は次のように付け加えるのも忘れなかった。「狼は常の犬と紛れ申すべく候間、常の犬に少も疵を付け申さぬ様に相心得候様に」――狼と見間違えて犬を傷つけるようなことは絶対にあってはならない。『御日記』の後半は五代将軍綱吉の治世と重なり、とりもなおさず〝お犬様〟の時代と重なり合うのである。

狐憑き

多少郊外に行けば猪、鹿そして狼まで出没した当時の江戸であれば、広い藩邸内に狐が巣をつくったとしても不思議はない。事実、本郷《ほんごう》の加賀藩邸はじめいくつかの藩邸を舞台に狐の怪談珍話が繰り広げられているし、舞台といえば、永井荷風《ながいかふう》の短篇小説『狐』の舞台も明治十年ころの小石川、大塚の守山藩邸とそれこそ目と鼻の先である。『御日記』にも狐は否応《いやおう》なく姿を現わすだろう。

もっとも姿といっても、『御日記』に主として登場するのは生身の狐ではなく〈狐〉、〝狐憑《つ》き〟や〝稲荷《いなり》の怪〟の見えざる主人公としての狐である。

御用部屋組の小頭《こがしら》吉左衛門が〝狐憑き〟と判明したのは、貞享二年（一六八五）の七月のことであった。訳もなく傍輩《ほうばい》に切りかかり、御詮議《ごせんぎ》の上乱心紛れなしということになった。そこで吉左衛門は在所の水戸に連れ帰されることになったが、藩は同伴の者に、途中、松戸《まつど》の関を通り過ぎる際に、この者は狐憑きである旨を断るように指示している。関所の役人に、いわば藩の正式な口上として「この者は狐憑きです」と述べよという。狐憑きはそれほどポピュラーな症状だった。

元禄三年（一六九〇）、今度は足軽の安右衛門が狐憑きになった。彼は「狐に取り付かれ」正気を失い、深夜垣根を破って藪《やぶ》のなかにじっと籠《こも》っていたところを発見されている。

狐に憑かれたからには藩邸に置いておくわけにはいかない。しかし譜代の者でもあるので、無下《むげ》に御暇を申し付けるわけにもいかず、いったんは在所に帰し百姓をさせたらいいとも考えたが、よく考えてみれば、幼少の折から江戸藩邸で育った者とて耕作の知識はまるでもちあわせていない。とやかく評議の末、生活の手段を得るまでは、とりあえず従前通り藩邸内に住まわせることで、この件は落着した。

中間小遣《ちゅうげんこづかい》彦兵衛の場合は、狐に憑かれて錯乱をきたしたというのではなく、全くの痴呆《ちほう》状態、記憶喪失状態におちいっている。元禄十五年六月朔日、この日登城のお供を勤めるはずの彦兵衛の姿が消えた。すでにお仕着《しきせ》も合羽《かっぱ》も支給してあるのに、供の「寄触」の刻限になっても一向に現れなかった。

ところがその日の午後になって、どこからともなく彦兵衛がもどってきたので、お供をはずした理由を問いただすと、彦兵衛は以下のような話を物語ったという。

今朝、松林院様のお部屋の前を通りすぎたところまでは定かに記憶しております。ところがその後の出来事は深い霧に包まれたようで……。一人の小坊主の案内で結構な座敷に通され、赤飯を馳走《ちそう》になりました。そのとき、女中のかすかな笑い声が聞え、また犬もしきりに鳴いていたようです。すると例の小坊主が申しますには、「その方《ほう》を三日くらい泊めようと思っていたが、その方の姿が突然消えたので親たちが駆け落ちしたのではないかといって騒いでるようだから、今すぐ帰すことにする」。そういって小坊主の姿が消え、と同時に我にかえってもどってきた次第です。

彦兵衛の口のまわりには飯を食べたあとが明らかにみえ、稲荷堂を調べてみると、果たして赤飯が供えてあり、しかも下駄《げた》の跡のようなものがついていたという。

ほとんど民話に等しい世界が、大塚の藩邸の敷地内で現出したのである。

生類憐みの波紋

いたずら猫の一件といい、狐妖事件といい、それなりに混乱を招いたとはいえそこにはどこかのどかな空気がたゆたっていた。藩邸と動物をめぐる情景は、しかし、いつもこんなにのどかでほのぼのとしているとは限らない。

いわゆる生類憐《しょうるいあわれ》み令の嚆矢《こうし》は、貞享二年（一六八五）七月、将軍御成《おなり》の道筋に犬や猫が出ていても、これに構わないよう触れたものであったという。このほぼ一ヵ月前の六月十三日、守山藩御鑓《おやり》奉行の中間権助《ごんすけ》が本多《ほんだ》中務大輔（藩主頼元の二男）の屋敷へ犬を牽《ひ》いていく途中、常光院《じょうこういん》前で町人たちと、犬が原因でもめごとを起こしている。子供たちが大勢群がって犬を追いかけるので権助が子供の頭を殴ったところ、所の町人たちが怒って仕返しをしたというのだ。

このときはまだ犬は事件の主役ではない。子供が犬を追いかけたことは咎《とが》められず、子供を打擲《ちょうちゃく》した権助の方が、「子共（供）を相手に致し不届に付《つき》」と、追放処分になっている。

しかしこの事件から数日たった六月十七日、大塚の藩邸では、「犬猫鶴其外生類御門出し候はば、御目付方へ断り、判形《はんぎょう》にて出し申すべき」由が触れられた。一般に藩邸からの外出については、貞享三年に、御目付に断ったうえ外出の用事を「御門外帳」に記帳するように規定した記録がみえるから、藩邸内の犬猫の外出も人間同様にチェックされるようになったことがしられる。

貞享四年になると、生類憐みの令は、さまざまな形で藩邸の日常生活に波紋を及ぼすようになる。

正月十四日、藩主の登城のお供を勤める「軽き者」たちに対して、今後は江戸城下馬先《げばさき》で犬皮の敷物を用いないよう申し渡された。守山藩のお供の者たちは、前年の冬、犬皮を敷いていたところを幕府の小人目付に見咎められており、この件につき、年が改まってから老中大久保加賀守《おおくぼかがのかみ》より内意がもたらされたのである。

幕府の御台所六尺《ろくしやく》の者が江戸城の井戸に落ちた猫を救って頭《かしら》に昇進した話や、秋田淡路守の家老が屋敷内の燕《つばめ》を吹矢で落としたことを咎められ、五歳の息子もろとも浅草で磔刑《たつけい》になった話など、この年以降、生類憐み令の厳酷な施行を物語る話が相ついで藩邸に伝わってきた。生類＝動物は、もはや悪戯事件や怪異譚《たん》の主人公ではなく、すぐれて政治的な危険物に一変する。

いきおい藩邸でも幕府の譴責《けんせき》を恐れて細かい自主規制を設けるようになった。家中の子供たちにまで、鳥や獣に「強く当り申さず、疵等付け申さず」様申し渡したし（貞享四年七月八日）、元禄三年十二月には、登城中の藩主から急遽《きゆうきよ》藩邸に指示が与えられ、以後、犬籠《いぬかご》には木綿蒲団《ふとん》を沢山敷くよう改められている。

自主規制といえば、元禄元年の正月に、相馬弾正《だんじよう》方へ参上したお供の弁当には正月三ヶ日の間は魚類を入れぬよう定めたのも、その一つに数えられるだろう。これは相馬弾正方（頼元の女胤子の嫁ぎ先）では正月三ヶ日の間魚類禁制である由を聞き伝え、藩邸側で自主規制したものである。

過敏な対応

生類に対する藩邸側の過敏とも思える配慮は、裏返せば生類憐みという回路を通した公儀の影（圧力）の広がりを物語っている。

前述のように秋田淡路守の家老は吹矢で燕を射落したことが露見して、幼児とともに極刑に処せられたが、彼とても生類憐み政策における幕府の酷薄なまでの厳罰主義を知らなかったわけではなかったろう。吹矢で射られた燕がそのまま屋敷内に落下すれば、あるいは悲劇は避けられたかもしれない。吹矢を突き刺された燕が力尽きて落下したのは、こともあろうに隣の幕府側用人《そばようにん》喜多見《きたみ》若狭守《わかさのかみ》の屋敷、もはやどうにも手の打ちようがなかったのである。

この事件の経緯を耳にした守山藩主は、恐怖に憑かれたようになり、心の動揺を隠そうともしなかった。家中の子供たちに、たとえ藩邸内であっても、くれぐれも殺生をせぬよう申し諭《さと》すとともに、親たちに対してもこの旨を厳しく申し渡さずにはいられなかった。もはや藩邸内で起きたからといって、子供の仕業《しわざ》だからといって、幕府は赦《ゆる》してはくれない。「御前にて御免あそばされ候ても、公儀にて御免あそばされず候」――自分が赦すといっても幕府はけっして容赦しないと言い含め、戦々兢々《きょうきょう》として殺生禁制の周知徹底を計るのだった。

公儀の眼は、生類憐みという政策＝名目のもとに、藩邸内空間の不可侵性を解除し、門のうちに深く入りこんでくるだろう。

元禄九年（一六九六）五月、江戸城小石川門外の御堀端で矢で射貫《いぬ》かれた鴨が発見されると、数日後、幕府は犯人検挙の厳しい姿勢を明らかにした。犯人を隠まったことがしれたら厳重に処分するのはいわずもがな、あわせて「家来等まで念を入れ詮議《せんぎ》致すべし」と諸家の家臣も追尋《ついじん》を免れないことを申し含める。ここでは、駆け込み人を囲う藩邸のサンクチュアリ性は論外であり、家来に対する藩主の自主的な仕置《しおき》権すら、生類憐みの大義のもとに、幕府の仕置に従属を余儀なくされるのである。

生類憐みをめぐる幕府の高圧的な姿勢は、次のような出来事からもうかがえる。元禄十二年（一六九九）閏《うるう》九月、本所にある守山藩下《しも》屋敷に、幕府御徒目付《おかちめつけ》三宅権七が訪れ、もし首縄が付いていながら主《あるじ》のいない犬が通りかかったら、縄を解いて養育したうえ、近辺で飼い主を捜し御目付まで申し上げるようにと申し渡し、その旨「請書《うけしょ》（承諾書）」を差し出すよう申し入れた。

屋敷守《やしきもり》の有馬三太夫はさっそく請書を認《したた》め、辻番《つじばん》に持たせて権七方に届けさせた。なんの越度《おちど》もないはずだったが、翌日、幕府小人《こびと》衆からクレームがつく。公儀へ差し上げる請書を麁相《そそう》（粗末）な紙に認め、しかも辻番のような軽輩《けいはい》に持参させたのが「不調法」だというのである。

藩邸側は戦慄《せんりつ》した。藩主は大塚の上屋敷にいて三太夫の「不調法」な振舞いについて少しも承知していなかったこと、三太夫には「急度《きつと》叱《しか》り申付」けることを使者をもって権七に伝え、あわせて陳謝の口上を述べさせるのだった。

〝生類〟は〝火事〟同様、藩の自律的権限を越えた大義として政策的に打ち出されることによって、公儀の高圧的な姿勢を正当化し合理化する。

藩邸＝空間のあり方についていえば、〝火事〟と〝生類〟をめぐる政治は、それぞれ本来の目的を遂げるための政策的副産物として、藩邸＝屋敷空間が慣習的に帯びていた不可侵性を切りくずしていく。すなわち外からの力に対して固く閉ざされていた藩邸の門を開かせ、公儀の眼をより浸透させる途《みち》を開いていったのである。

小姓と草履取り

噂の二人

徒横目《かちよこめ》波多野又兵衛と小姓《こしょう》高原助之丞《すけのじょう》の〝噂〟が広がっていた。二人が「念比《ねんごろ》」な関係にあるというのである。

風聞は前年の六月ころから藩邸内で広がりはじめ、前年十二月には又兵衛の同僚たちから横目役の鈴木左内に、ないないその旨が通報されていた。この件は左内からさらに藩の重役たちにも伝えられたが、藩としては「大事之儀に候間、能々実否《よくよくじっぷ》承り届け候様」――真偽をよく確かめたうえでということで、とりあえずしばらくようすをうかがうことにしていたという。

ところがこの年、寛文五年（一六六五）三月、折から小石川の水戸藩邸にお供の一人として出向いていた噂の主人公又兵衛は、松平播磨守の家中なども同席する場で、陰口の痛みに耐えかねてか、ついに爆発してしまう。

何者やらん、我等儀高原助之丞と念比いたし候と申し候由承り候、左様に申し候者此内にも之《これ》有るべく候、あはれ我等前にて申し候へかし、首を切り割り見せ申すべし。

自分と助之丞の間をとやかく陰口する者がいる。いうんなら面と向かっていってみろ……。藩邸にもどってからも、中小姓の坂口六郎右衛門をつかまえて、噂の元凶はお前だといわぬばかりに悪口をたたきつけた。

心外に思った六郎右衛門は、それならばと一計を案じ、噂が本当であることをつきとめようとした。どのようにして〝関係〟がつきとめられるに至ったか、その詳しい経緯は煩雑なので割愛する。とにかく六郎右衛門の巧計で、「又兵衛、助之丞念比致し候儀疑ひこれなく」、二人の関係は白日の下に晒《さら》され、又兵衛には、改易のうえ闕所《けっしょ》（財産没収）という厳しい処分が申し渡された。

〝念比な関係〟がたんなる友情関係でなく、肉体関係を伴った恋愛関係であったことはいうまでもない。男性同士の情交にまつわる記録は、この時代の史料集をめくれば、いやでも眼に入ってくるだろう。少年（もちろん典型的には美少年）＝〈若衆《わかしゅ》〉と年長の求愛者＝〈念者《ねんじゃ》〉の間で展開する恋の道、〝衆道《しゅどう》〟が、とりわけ十七世紀の武士社会において、どれほどポピュラーで切実なものであったかを認識していなければ、『御日記』に記録された右の一件の歴史的意味は、ぼやけてしまう。

以下、われわれは、衆道というテーマについて、そのいくつかの相をふりかえってみなければならない。

美少年の愛翫

元禄期の諸大名の行跡、嗜好《しこう》などを忌憚《きたん》のない筆致で綴《つづ》った『土芥寇讎記《どかいこうしゅうき》』を繙《ひもと》いてみよう。

大名たちの性の嗜好については、女色耽溺《たんでき》の醜聞が目につくが、それとほぼ同じくらい、美少年愛好すなわち男色の例も豊富である。たとえば松平大和守直矩《やまとのかみなおのり》（出羽《でわ》山形十万石）や酒井左衛門尉忠直（出羽庄内《しょうない》十四万石）について、「美少年ヲ愛セラル」と指摘しているし、一柳土佐守末朝《ひとつやなぎとさのかみすえとも》（末礼《すえひろ》。播磨小野《おの》一万石）についても「男色《なんしょく》ヲ好ミ……」と記している。

ところで『土芥寇讎記』の著者は、大名たちの個人的嗜好としての男色をことさら咎めてはいない。松平大和守について、「美小人《びしょうじん》ヲ愛セラルト云トモ、聊《いささか》偏愛ノ気ナシ、当時誉《ほまれ》ノ将ト、世以《もって》沙汰ス」とか、「美小人ヲ愛セラル叓《こと》、是躰叓《このていのこと》ハ、非トスベカラズ、聖人ニモ一失有リ、況《いわん》ヤ凡人ヲヤ」とコメントし、彼の少年愛そのものについては、意外なほど寛容なのである。

たとえば『色道大皷《しきどうおおつづみ》』（貞享四年刊）中の一話、「我朝の男美人」からも、当時の社会における男色の一般性を垣間見《かいま》ることができるだろう。

松形兵部之進は最愛の妻を国許《くにもと》に残して江戸の藩邸で三年間の在番を勤めていた。単身赴任はさぞお寂しかろうと、家来が渡り奉公の小姓を性《セックス》の相手に勧めるが、「此男ふしきに男色をきらひ」、どうしても同意しなかった……。

武士社会に身を置き、しかも妻女と離れていながら小姓の男色を享受しないのは、「不思議」な変人だというのである。

同書の性格を考えれば右の表現にもちろん誇張はあるかもしれないが、たとえ誇張だとしても、それは男色・少年愛＝ノーマルな性愛という社会的認識の延長以上のなにものでもない。

たしかに男色は、当時の社会で異常性愛、アブノーマルな行為とは認識されていなかった。しかし、この関係が大名の個人的嗜好にとどまらずに政治の領域に踏み込んだとき、問題は異なる様相を呈し始めるだろう。『土芥寇讎記』の著者は、松平大和守の少年愛に対しては理解ある評価を与えながら、筋目や能力が優れていても醜男《ぶおとこ》は召抱えようとしない本多下野守忠平《しもつけのかみただひら》（大和郡山十二万石）の「男ズキ」については、これを大きな欠点に数えあげるのをためらわないし、小姓あがりの無二の寵臣《ちょうしん》を家老に取り立て、その結果藩政の乱れを招いた安藤対馬守重治（上野《こうずけ》高崎六万石）も厳しい批判を免れていない。「惣ジテ男色ニ耽《ふけ》リテ家ヲ滅ス事古今其例多シ」――政治は性愛にからめ取られてはならない。ところが男色の愛は女色にまさるとも劣らずその危険性を秘めているというのである。

御物あがり

寵愛《ちょうあい》の小姓から家老への昇進も十分家中の論議を招くかもしれないが、藩主の眼が愛執で眩《くら》んでしまえば、もっと過激な転身すら可能だった。一柳末朝の場合など、男色が昂《こう》じて、「河原者、野郎若衆、千弥《せんや》ト云《いう》者ヲ、数百両ニテ請出シ、知行ヲ与ヘ、侍ニシテ使フ」という始末。ことここに至って、性の秩序は時の身分制秩序とせめぎあうのである。

近松門左衛門《ちかまつもんざえもん》の浄瑠璃《じょうるり》『心中宵庚申《しんじゅうよいごうしん》』の〝坂部郷左衛門屋敷の段〟で山脇小七郎に求愛する中間小一兵衛が吐露した一言、「この道に高下はない」は、紛れもなく現実を投影していた。

この道、衆道は「高下」＝身分を政策的に設定した上に構築された幕藩体制と、その本質的な部分で背反することによってはじめて自ら全うすることが可能な、そんな道だったといえる。

主の惜しみない愛を浴びて少年期をすごしたのち、青年期あるいは壮年に達して政治的に重要なポストを占めた人々は、しばしば多分の羨望《せんぼう》といくぶんかの蔑視《べっし》をこめて、〝御《ご》物《もつ》あがり〟と呼ばれた。

主君の閨《ねや》に侍《はべ》る文字通りの〝御物〟＝愛玩《あいがん》物が藩政の軽からぬ地位にあがった例は、井《い》原《はら》西鶴の『武道伝来記』にも登場する。そのなかの一話「野机《のつくえ》の煙《けむり》くらべ」の国見求馬《くにみもとめ》と猪谷久四郎《いたにきゅうしろう》は、ともに「大殿の御物あがりにて、禄も同じごとく、千石の光りを顕《あらわ》し世に栄へける」と描かれているし、目ざましい出世を遂げた新参者が、古参の侍たちの反感をかって没落したのち、その屋敷が改めて下賜されたのも「御物あがり」の者にほかならなかった（「無分別《むふんべつ》は見越《みこし》の木登《きのぼり》」）。

文学作品ばかりではない。たとえば『鸚鵡籠中記』に書きとめられた一小姓、主君の寵愛深くやがては家老にもなるべき勢いだったという渡辺佐夜之進《さよのしん》などもまた、〝御物あがり〟の予備軍であったといえるだろう。

主君と寵童ないし御物あがりの間の絆《きずな》は、主君の死後、しばしば殉死を促さないではおかなかった。前述の〝御物あがり〟、国見求馬と猪谷久四郎は、主君死去の折、死出のお供をと心ざしたが、殉死を固く禁止する遺言黙《もだ》しがたく、やむなく若殿に仕えたことになっているし、同じく西鶴の『男色大鑑《なんしょくおおかがみ》』にも、天下の御禁制（寛文三年に出された幕府の殉死禁止令）を承知しながら、それでもなお主君のあとを追おうと心がけていた寵童勝弥《かつや》が登場する（「形見は二尺三寸」）。

殉死禁止令以前にまで遡《さかのぼ》れば、主君の死出の供を勤めた例は、枚挙に遑《いとま》がないほど挙げられるのではなかろうか。

たとえばこんな逸話も。前々章で触れた前田慶次郎が、腹中を煩って九死一生の危篤状態におちいった折のことである。秘蔵の小姓にむかって、お前は自分が死んでもあとを追って腹を切ることはあるまいと戯れにもちかけると、小姓は「口惜き事をのたまふ事かな、我等心中御目にかけんと云《いう》まゝに、押はだ（肌）ぬぎ、腹十文字に切て……」ただちに自害を遂げてしまったという（『桑華字苑』）。

寵童や御物あがりたちにとって、殉死は排他的に寵愛を注がれ異例の出世を約束された御恩に対する死の御奉公であり、たとえ本人たちが希望しなくても、しばしば周囲から儀式としての殉死を強要されることがあった。もちろん主君と特殊な情交を重ねた身であれば、主君の死後率先してあとを追うこともあったであろう。彼らが追腹《おいばら》を切るとき、殉死はまた、性愛の絆を結んだ相手に対する心中立《しんじゅうだ》て、情死としての側面を帯びるのである（松田修「殉死情死論」ほか）。

万治元年（一六五八）、加賀藩主前田綱紀《つなのり》の祖父利常《としつね》が小《こ》松《まつ》城で没したときも、殉死の

「儀式」は残るところなく執り行われた。この時殉死の衆のなかには、利常のかつての寵童品川左門《さもん》の姿もみえた。左門が寵を得るに至った経緯は『三壺記《みつぼき》』に詳しく述べられている。

利常は脇田善左衛門の息子で猪之助《いのすけ》という少年を寵愛していたが、猪之助は寛永十七年に夭折《ようせつ》してしまう。死後も愛執の念ぬぐいがたい利常は、猪之助の面影を求めて弟の熊之助を側に召したが、それでも想いは晴れやらず、ついに京都に家来を派遣して猪之助に瓜《うり》二つの美少年を捜し求めさせた。

「方士《ほうし》が楊貴妃《ようきひ》の魂魄《こんぱく》を尋ねて蓬莱宮《ほうらいぐう》に至る心地《ここち》」で京に上った家来は、白川神職伯《はく》の子で猪之助そっくりの少年を見いだす。利常に目通りさせると御意《ぎょい》にかない、品川左門と名付けてことのほか寵愛するようになった。利常は左門を猪之助の父善左衛門に預け、善左衛門も、この亡き息子と生き写しの少年に対して、実父さながらの愛情を注いだという。

そして利常の没後、左門は当然のように殉死を遂げる。左門が追腹を切った折、善左衛門は手ずから介抱し左門の先途《せんど》を見届けたと伝えられている。

御物あがりと、先立つ主君にまつわる〝美談〟は、しかし前述のように幕府から天下殉死禁制の旨が令達されることによって、その最も鮮烈な部分に一応の終止符が打たれることになる。少くとも両者の関係に政治的に水がさされたわけであるが、彼らと主君の間には、その後もなお、性愛の絆に源を発する特殊な雰囲気が漂いつづけた。

前髪老人

『男色大鑑』中の一話、「詠《なが》めつづけし老木《おいき》の花の頃」には、玉島主水《たましまもんど》と豊田半右衛門《とよだはんえもん》という元黒田《くろだ》藩士が、江戸谷中《やなか》でひっそりと暮らすありさまが描き出されている。藩に奉公していたころから念者と若衆の関係にあった二人は、主水に横恋慕した者たちを討ち捨て、以来同棲生活を送ってきたのである。

主水は今年六十三、半右衛門は六十六の齢《よわい》にもかかわらず、半右衛門は薄くなった鬢髪《びんぱつ》に香油をかけ巻立《まきたて》に結い、主水はとみれば、半元服して角《すみ》を入れた跡もなく若衆さながらの丸顔……。「色黒く足ふとき酢蛤《すはまぐり》売りも、前髪あればやさしく見えぬ」(同「素人絵《しろとえ》に悪《にく》や釘付《くぎづ》け」)というように、前髪は少年(若衆)の象徴であった。

『心友記《しんゆうき》』によれば、衆道は十二歳から十五歳までが未だ熟していない「主童道」、十五歳からの三年間が盛りの「殊道」、そして最終の三年間、つまり二十歳までが衆道の終期「終道」であるという(年齢はいずれも数え年)。

通常の少年であれば、十四歳くらいで半元服をして角前髪となり、十五、六歳で元服して額を剃《そ》ることになる。まさに「男色《なんしょく》のさか(盛)りは夢の夢也」(『男色十寸鏡《なんしょくますかがみ》』)、衆道

武士と小草履取り（『近世奇跡考』国立公文書館蔵）

の花はうつろいやすかった。ところが主水は還暦をはるかに過ぎても丸顔、すなわち額を剃り上げない若衆姿のままだというのである。

しかるべき年齢に達しても若衆姿のまま前髪を剃らない例は、なにも『男色大鑑』という特殊なテーマに取材した文学作品だけに見いだせるわけではない。加賀藩でも、寛永九年（一六三二）当時は三十歳前後まで前髪を剃らせず小姓として召仕っていた者たちがいたというし（『三壺記』）、佐賀藩においても、鍋島勝茂《かつしげ》時代（慶長十二年～明暦三年〈一六〇七～五七〉）には、小姓の副島八右衛門や鍋島勘兵衛のようにそれぞれ四十二歳、四十歳まで元服しない、つまり前髪を剃らない者がいた（『葉隠』）。

『葉隠』は慨嘆する。

――しかるに現在では追腹《おいばら》（殉死）も廃止され、みな十五、六歳になると前髪を取るようになった。このため「引嗜《たしなむ》事を知らず、呑喰《のみくい》する雑談ばかりにて、禁忌の詞、風俗の吟味もせず」、総じて恥《は》じらいが消え、話題は飲食のことばかり。もの言いも遠慮なく、身だしなみにはとんと気をつけなくなってしまった。

前髪を一律十五、六歳で剃るようになってから、小姓たちの美点、含羞《がんしゅう》の気持ちや身だしなみまで一緒に剃り落してしまったというのである。

『男色大鑑』の玉島主水を前髪姿の老人と呼ぶならば、宝永二年（一七〇五）に病死した会津藩士高橋小右衛門も、こうした〝前髪老人〟の一人である。彼の履歴を簡単にたどってみよう。

寛永十九年（一六四二）、十歳で小姓に召し出され、同二十年常詰《じょうづめ》となる。その後しだいに禄高《ろくだか》を加増され五百石取りにまでなったが、寛文四年（一六六四）、病いのため小姓を辞し、元禄十五年（一七〇二）に願いの通り隠居を許されている。

小右衛門は子供にも恵まれていた。とりわけ三男市之進は小姓に召し出され、藩主の「御寵遇衆人に勝れ」、明るい将来が約束されていたに違いない。ところで小右衛門は、十八歳の折に元服願いを出したが、許しを得ないうちに藩主が死んでしまったので、前髪を取る機会を失したまま「終身元服を加えず、童形《どうぎょう》にて罷在《まかりあり》」、ついに終生前髪姿の童形で七十余年の生涯を閉じたという。

妻子をもちながら終生童形というのも凄《すご》いが、小右衛門については、もっと凄いエピソードも残されている。

徳翁（三代藩主松平正容《まさかた》）が上京した折のこと、会津で留守を勤めるよう申し付けられた小右衛門は、徳翁が江戸を出発して再び江戸にもどるまでの間、「榎《えのき》へ床《ゆか》を補理《しつらえ》、昼夜樹上に罷在、四方を眺望致し、飲食も樹上にて飲み候由」――榎の樹上に床をこしらえ、留守の任を全うするため四方に眼を配り、終日樹上で過したというのである。

これほど風変りではないにしても、主君の側近く仕え、ときとして性愛関係を結ぶ小姓たちの世界には、ほかの家臣たちには認められない特例や禁忌が伴うことは避けられなかった。

美しさの強制

『御日記』中、元禄七年五月二十一日に申し渡された「御次御改之覚」のなかに、次のような条文が見える。

一、赤裏之小袖 幷《ならびに》 目立ち候長短之羽織等、惣躰《そうたい》は て(派手)成《なる》衣類着用堅く無用の事
但《ただし》前髪之《これ》有る御小姓衆、赤裏有来《ありきたる》分は御用捨の事

一、幅広き帯堅く無用の事
但前髪之有る御小姓衆は御用捨の事

赤裏の小袖《こそで》といい幅広の帯といい、総じて人目に立つような派手な衣裳《いしょう》を着用してはならない、ただしまだ前髪立ての御小姓だけはその限りにあらずというのである。

元服前の小姓について衣服の華美を特例的に容認しているのは、守山藩だけではない。

たとえば万治年間（一六五八～六一）に編纂《へんさん》された山口藩の法令集にも、「前髪有レ之御小性衆、衣裳何にても指し免《ゆる》さるべきやの事」とみえるし、寛永八年（一六三一）に加賀藩で衣服制限令が出されたときにも、「まへがみ有レ之者又小性の小袖、絹羽二重之分は御赦免之事」（『国初遺文』）とあり、やはり前髪がある者と小姓は例外的に扱われている。

会津藩の場合もそうである。「都《すべ》て御小性の儀は格別」、小姓は何につけても例外だった。なぜなら、江戸の藩邸などで、来客の貴顕たちと身近に接し、給仕などの世話をする小姓たちに、あまり粗末な身なりはさせられないからだという（『家世実紀』元禄十二年）。

藩邸の花、接待の主役であってみれば、衣服ばかりでなく、その下に包まれた身体や身のこなしにも、おのずから美しさと洗練が要求された。三十一歳で早逝した加賀藩主前田光高《みつたか》は、百首にのぼる教訓和歌を詠んでいるが、このうち「小々将《こごしょう》」＝児《こ》小姓について次のように詠んだのも、そのあらわれといえよう。

○心よくかたちの能《よ》きは小々姓の我身の為の果報なりけれ

児小姓は、心ばえ容姿いずれも優れているのがなによりである。

○前髪のあるもあらぬもたしなめや耳にきた（汚）なししはぶきのこえ

○湯をあびて身にわろ（悪）き香のなき様に伽羅《きやら》薫物《たきもの》の匂《にお》ひたやすな

前髪の小姓も元服済みの小姓も、人に不快感を起こさせぬよう、くしゃみの音や体臭にまで細かく心を用いなければいけない。

香を薫《た》いて体臭を消すといっても、ただむやみに薫き染めればいいというものではない。

○薫物も伽羅も丁子《ちょうじ》も沈香《じんこう》もほのかにきくがなつかしき哉《かな》

香はほのかに匂うのが心ひかれる。

○朝ごとに髪をすきつゝ鏡見て曾《かつ》てはな（鼻）毛に心ゆるすな

児小姓が鼻毛を伸ばしたままほっておくなどもってのほかである。

○口中のわる（悪）香のあらぬやうにせよ側成《そばなる》ものゝ深き迷惑

口臭を漂わせるのももちろんよくない。鼻毛は毎朝鏡の前で丹念に抜けばいいし、口臭はといえば、

○朝おきてやうじ（楊枝《ようじ》）つかはぬ其先にいき（息）吹かけて物語すな

以下、行住坐臥《ざが》の心がけ身だしなみが、微に入り細に入り教え諭されるのである。

もっとも身だしなみは、小姓に限らず武士一般の心がけであった。前述の「御次御改之覚」にも、「白粉を以《もって》化粧無用の事」とか、「小僧ども指櫛《さしぐし》無用の事」などの条文がみえるし、『葉隠』にも次のように述べられている。

五、六十年以前までは、士は毎朝行水、月代《さかやき》、髪に香を留め、手足の爪を切て、軽石にてすり、こがね草にて磨き、懈怠《けたい》なく（怠りなく）身元を嗜み……

常に身ぎれいに保ち、香をたやさぬのが本来の武士の姿だというのである。しかしそれは、なにも綺羅《きら》を飾るためではなく、「今日打死〳〵と必死の覚悟を極め」――いつ死んでもいいように、日ごろから心がけるべきことの一つにほかならないという。『葉隠』お得意の論調であるが、同書で説かれる〝身だしなみのすゝめ〟は、必ずしもすべてがすべてこんな死と向かい合わせのものばかりでもない。同書が「風体《ふうてい》の執（修）行は不断《ふだん》鏡を見て直したるがよし」と説くのは、〝死姿〟への配慮とは無縁のようだし、馬の名手西二右衛門が、常日ごろから自分の乗馬姿を鏡に写し見、小袖や袴《はかま》の取り合わせにまで凝った結果、江戸中の評判になったというエピソードを紹介しているのも、とりあえずは死と無関係なところで武士たちが姿の美しさを競ったことを物語ってはいないか。

そうはいっても小姓たち、なかんずく前髪立ちの小姓たちに要求される身だしなみの質は、やはり一般の武士たちにおける美しさの要求の域を、はるかに超えていた。

貞享四年（一六八七）の序をもつ衆道手引書、『男色十寸鏡《なんしよくますかがみ》』は、まず「兄分」、つまり若衆に恋慕する念者《ねんじや》の身だしなみとして、「扨《さて》男色者（兄分）のたしなみはいふも愚なれど、第一口中成べし……口中清らならぬは、若衆大にきら（嫌）へり」と、口のなかを清潔に保ち、口臭を発しないことを挙げる。

一方、「少年」＝若衆のほうはといえば、「朝夕湯をひかせみがくべし、髪は垢《あか》づかぬ様にあら（洗）ひなし…」――身体や髪を常にきれいにしておくのはいうまでもない。

ほかにも、口中は磨き砂で清めるのがいいが、砂が歯の間にたまると腹中に至って害となるから注意したほうがいいとか、若衆といっても女性ではないから生毛《うぶげ》が濃いので、よく剃ってから白粉《おしろい》をできるだけ薄くはたけとか、心を配らなければならないことは実に多かった。

同書には「少年」のほか「小性」の項目も立てられている。小姓、なかんずく主人の寵愛深い小姓は、挙措《きよそ》（たちいふるまい）ふつつかでは主人の心までおしはかられるから、給仕の諸礼に始まり、よろず心得、来客に無礼がないようにと述べている。これは前田光高の教戒百首のうち、「式しやうの銚子ひさげに高盛や数寄屋の通ひ是ぞ能《よ》くせよ」というのと同趣だろう。

また、小姓を含め若衆一般の心がけとして『十寸鏡』の著者が、「先《まず》早朝に手水《ちようず》しまひて鏡にむかひ顔色を見、口中を見て楊枝つかひ手足の爪《つめ》を見、さて髪をすきて……」というのを見るとき、それはほとんど光高教戒百首の世界そのままである。

小姓たちの世界は、少くとも十七世紀の武士社会において、衆道の世界と重なり合う。というより、それは後者の世界のなかで最も権力に近い部分だったといっても過言ではないのである。

隔離される身体

小姓たちの世界は、外の世界、とりわけ小姓以外の家中諸士の交際圏から遮断《しやだん》され、半ば隔離される場合が多かった。

福岡藩では「城中之小性共と一切着合《つきあい》申すまじく候、第一若衆くる(狂)ひ停止《ちようじ》之事」(「忠政公松本御在城御法度書」)と、小姓との交際が衆道一般とあわせて禁止されたし、会津藩でも「御小性共外の者と弥《いよいよ》一切交わるまじき旨仰せ出ださる」(元禄九年)と、外部との交際を繰り返し取り締った。

会津藩では元禄十六年十二月に、元服前の御小姓たちが武芸の稽古《けいこ》に出かけることすら禁止している。御小姓が武芸に励むことで手足が荒れて美しさが損われるというのも理由の一つだったが、なにより大きな理由は、武芸稽古を機に外部の者と接触したらどんな間違いが起こるやもしれぬからだという。

間違いを起こす相手は、なにも外部の者にかぎらない。前髪姿の小姓同士、あるいは元服済みの小姓と前髪の小姓など組み合わせはさまざま考えられるが、小姓たちの世界で、恋のカップル、一対の念者と若衆ができあがる可能性は、さらに濃厚だったに違いない。

元禄十二年、加賀藩主前田綱紀が近侍の者たちの勤方《つとめかた》について注意を与えた条文のなかに、「児小将（姓）中間《なかま》の契約懇切をなし候儀之《これ》有るべからず候」とあるのは、明らかにこの関係（＝契約）を禁止したものだし、光高百首のうち、児小姓の監視役に対する教戒として、「小々姓のみだり咄《ばなし》につき合て、馴々《なれなれ》しきは見ても見ぐるし」と詠まれているのも、小姓目付と小姓たちの間で、特殊な関係が結ばれぬよう戒めたものにほかならないだろう。

前髪小姓たちの〝隔離〟は、弘前藩の記録からも鮮やかに浮かびあがる。同藩の「御法度之覚」によれば、「前髪有レ之内」は、第一に父母、兄弟姉妹、叔伯父叔伯母、継父母および甥姪《おいめい》以外とは、書状はもとより一切の文書のやりとりをしてはならず、御小姓は親類以外の者と外で面会してもならないという。

また小姓は宿下りの際、本丸から外に出たら編笠《あみがさ》をかぶれというのも、つまりは姿を見せるなということだから、やはり〝隔離〟策の一つと考えてさしつかえないし、「小性共大小にかぎらず道中にて笠、ふくめぬ（覆面）、ゆかけ仕るべく候」とあるのも同趣だろう。

また、袖留《そでとめ》を終えた年長の小姓と振袖姿の年少の小姓が、互いの部屋を訪れて自由に語り合ってはいけないと、小姓同士の交際にも厳しい監視の眼が注がれた。

両者の分断は、江戸藩邸においては空間的にも配慮された。「於二江戸一三間の御長屋弐つ、東の方袖留候者、西の方にはふりその小性ども罷《まか》り有るべく候」。これだけではない。御長屋にはそれぞれの居所の中間に「御目付」を置き、「両所まもり申候様」、双方をしっかり監視するよう定められている。

「御法度之覚」には、以上のような一般的な規定のほか、右衛門《うえもん》（御小姓組一番組藤田右衛門）というある特定の小姓について、細かい定めが記されている。たとえば参勤交代などの道中の際には、「御本陣の内、所ひろく候はば、右衛門居申す所四五帖敷もかこ（囲）ひ申すべく候」、右衛門の居所をとくに囲い、外部との結界を設定するよう申し渡されたし、右衛門が次の間に出かけるときは、常時目付を一人付き添わせろとも定めている。ほかの前髪小姓の場合なら、長屋から次の間に赴く際には「少も道寄仕るまじき事」、せいぜい道草を食うなと定めているだけだから、右衛門の特殊な扱われ方がうかがえる。

実をいえば右衛門に関する情報は、以上に挙げたことのほかほとんど皆無である。にもかかわらず、われわれは、彼が津軽《つがる》弘前藩主の寵童であると断言してもよさそうだ。

右衛門は入浴の際にも特別な配慮を払われていた。「右衛門、又市《またいち》湯入候時分、御目付壱人宛《ずつ》付き添い申すべく候、御目付道（同）心にて湯へ入り申すまじき事」（ここに登場するもう一人の人物「又市」についても著者はそれこそなにも知らない）。――右衛門と又市については、入浴の際、目付が一人ずつ付いて監視せよというのである。

目付（小姓目付）は監視者であると同時に監視される者でもあった。いくら監視の役目があるからといって、右衛門らと混浴してはならないと付言することを忘れていない。前髪の若衆、なかんずく藩主の寵をひとり占めするような選ばれた小姓には、まるで付き添いの目付すら迷わせる色香が匂っているとでもいうかのように。

そういえば仮名草子『犬枕《いぬまくら》』には、〝入りさうで入らぬ物〟の一つとして、「用心する若衆の風呂《ふろ》」が挙げられていた。

弘前藩の記録をみると、右衛門ほどではないまでも、ほかの前髪小姓たちも、許可なくして風呂に入ることは禁じられている。風呂だけではない。「寒気の節たりといふとも」、コタツに入ることすら許されていない。単純に火気注意というためばかりではあるまい。風呂といいコタツといい、間違いの起きやすい〝場〟であることは、今日と変わりなかったのである。

以上の背景をふまえたとき、大塚の守山藩邸で起きた、ある些細《ささい》な規則違反の重さも理解しやすくなるだろう。藩邸では「惣風呂」の入浴時間が、明六ツから六ツ半（午前六時～七時）までが御小姓衆と御小納戸《おこなんど》衆（どちらも殿様の身のまわりの世話をする）、六ツ半から七ツ半までが「入込《いりこみ》」と定められていた。

ところが貞享元年（一六八四）の冬のある日、喜左衛門という押《おさえ》の者（「押之者」は前述〈四三ページ〉の「御家中御長屋割御定」で草履取、足軽とともに九尺の間口を与えられている）が、御小姓頭野口権六の入浴中に断りもなく風呂に入ってしまったのである。

こんな些細な出来事が、しかし藩主の元まで上申され、喜左衛門は翌年正月四日まで逼《ひっ》塞《そく》を申し渡される。もちろんこの一事をもって喜左衛門が野口権六に恋慕していたと即断しようという気は、さらにない。ただ、こんな些事すら重大な作法違反と受け取られ、過敏な反応を惹《ひ》き起こすほど、藩邸の日常は男色の陥穽《かんせい》に満ち満ちていたことを確認しておこう。

恋の制裁

それにしても前髪の小姓が外部あるいは傍輩《ほうばい》と衆道の契りを結ぶと、いったいどういう不都合が生じるというのか。小姓たちをあたかもアイドル歌手のように讃仰者《ファン》から隔離し、家中の付き合いを堅く禁じなければならないほど、衆道の契約は深刻な危険を孕《はら》んでいたのだろうか。

弘前藩の「御法度之覚」には、次のような条文が記されている。

一、前髪之有る小性共、大小に依らず、盃取替《とりかわ》し一切停止之事

念者と若衆が衆道の契約を結ぶと、〝心中立て〟、つまり、お互いの恋の誠実を立証するためにさまざまな儀式が執り行われた。〝指切り（児戯と堕した「指切りげんまん」のことではなく、文字通り指を切断ないし削《そ》ぐ行為をいう）〟は、むしろ遊女と情夫の間で多くみられたが、衆道では、このほか太股《ふともも》を煙管《キセル》の火で焦がしたり、「肘《かいな》にても股《もも》にても、刃のさきにかけて、肉むらを突貫事」（『色道大鏡』）、〝貫肉《かんにく》〟や、腕に刀身を立てて引く〝腕引〟などが好んで行われた。

これらに較べれば、「盃取替し（固めの盃《さかずき》）」は肉体的苦痛を伴わないが、誓約の重みに少しも違いはない。ひとたび義兄弟の盃をかわしたら、両者は以後ほとんど排他的な恋の誠実を相手に示さなければならず、そうでないときには、死の制裁すら科されることがある。

『男色大鑑』に収められた一話、「嬲《なぶ》りころ（殺）する袖の雪」も、こうした衆道の契約

違反に対する制裁の激しさを描き出したものにほかならない。

伊賀《いが》の国守の寵童山脇笹之介《やまわきささのすけ》という主人公は、念者の伴葉右衛門《ばんはえもん》がほかの若衆となに気なく盃をかわしたのを知ると、葉右衛門を雪の降りしく中庭に丸裸にして閉じ込め、凍死させたあと、自分も腹を切って果てる。真実なに気なくではあっても、自分以外の者と盃を取りかわすことは、この道の世界では、決して許されなかったのである。

会津藩『家世実紀』に記録された小姓追放一件も、原因は盃事をめぐる衆道の心中立て以外のなにものでもない。

寛文十一年（一六七一）、御小姓小森六弥《ろくや》は、御供番の石川八右衛門と衆道の契りを結んだ。衆道の関係をもつこと自体、かねてそのような関係を結んではならないという藩の法度に背き、御小姓として差し出した神文（誓約書）の趣旨を破るものだったが、六弥の場合、衆道の契約がもとで、さらに重大な「不礼」をはたらいてしまう。

同じ年の夏のことだったという。芝の会津藩邸に来客があった折、接待を勤めた六弥に、貴賓がありがたくも盃を下されたのに、「八右衛門と申合候儀を以《もって》、其《その》御杯呑捨にいたし、差上げざる儀之《これ》有り」――すでに八右衛門と衆道の契りを結んだからには、いかに大切な客とはいえ盃のやりとりはできないと、頂戴《ちょうだい》した盃を飲みほしたまま客に返さなかったというのである。

「御小性ども配膳の儀は表向の芸に候」（『家世実紀』明和四年）というように、宴席における給仕は、小姓たちの最も重要な「芸」の一つだった。彼らはなににもまして、それぞれ所属する藩の作法に則《のっと》って洗練された給仕振り、接待振りをパフォーマンスしてみせなければならない。水際立った接待振りは訪れた貴顕たちの賞賛を勝ちとり、ひいては主人＝藩主の誇り、御家の名誉となるだろう。

そんな世界で、こともあろうに御法度の衆道の契りを理由に、来客にとりかえしのつかない「不礼」を犯してしまったのである。

藩では、本来なら死罪が相応の大罪だが、六弥がまだ若輩なことを考慮して処分の軽減が評議された。おかげで六弥は命までは失わずに済んだが、江戸及び会津の地から追放（御構）の身となった。

もちろん念者の八右衛門も無事ではいられなかった。八右衛門は事件を知って、いち早く剃髪《ていはつ》し寺に保護を求めて駆け込んだが、衆道御法度に背いたうえ〝寺入《てらいり》〟とは武士に相応《ふさわ》しからぬ振舞いとて、成敗＝処刑を免れなかったと記されている。

ここまでくると、守山藩徒横目波多野又兵衛と小姓高原助之丞の〝念比な関係〟が、なぜあれほど重大視され、又兵衛が藩邸内に流布する〝噂〟にどうしてあんなにも取り乱してしまったか、その背景が明らかになるだろう。

衆道はいうまでもなく、性愛の絆で結ばれたある二人の私的契約、情的結合でしかない。しかし、それが藩の法度といい御家の作法といい、総じて公的契約と衝突せざるをえない局面に立ち入ったとき、藩士たちは藩の奉公人でありながら、ときとして道の法、恋の作法に傾いた。なぜなら、すべてを犠牲にしても恋の誠実を示すことこそ、この道の本質的価値、倫理にほかならないからである。

ところで、そんな道が万一武士社会全体を侵蝕《しんしょく》し続けたら、公的組織の相当な部分が、音もなく崩れるのではないか。殉死が公的儀式の一つとして執行され、主君と家臣の情的結合がそのつど確認され増幅された時代は、まだよかった。主君たちはこの道の手本となることもできたであろう。

しかし、殉死の全国的禁止に象徴されるような趨勢《すうせい》、武士社会の私的で情的な絆がますます稀薄《きはく》化し、かわって公的な絆、組織の論理が強まる趨勢のなかで、なににもまして私的で情的な衆道の人間的絆が、許容されるはずはなかったのである。『御日記』に記録された〝噂の二人〟一件は、そんな心性史上の流れのなかでみるとき、すぐれて歴史的な光彩を放ち始めるだろう。

る。

少年と草履取り

貞享三年（一六八六）六月二十四日、『御日記』には次のような事件が書きとめられている。

——水戸藩の御進番矢島又左衛門の悴《せがれ》は、湯島天神前《ゆしまてんじん》に住む町人のもとに謡の稽古《けいこ》に通っていた。この日も草履取りの者をお供に連れて、いつも通り師匠の家に向かうべく家を出たという。稽古が済んで師匠の家を辞した直後のことか、あるいはこれから門内に入ろうとしていた折のことか、それはわからない。とにかく師匠の居の門外で、悴は召し連れた草履取りの者の手にかかって切害されてしまった。ちなみに又左衛門の悴は当年十五歳の少年。件《くだん》の草履取りは、主人を斬り殺したのちただちに自害を企てたが、師匠夫婦に取り押えられ、果たすことができなかったという。

十五歳の少年とそれに仕える草履取りというとりあわせだけから、この事件の背後に衆道の微臭をかぎあてようとしたら、あるいはうがち過ぎと非難されるかもしれない。しかし、それでも敢えて推測をたくましくせざるをえないほど、この時代、少年と草履取りのとりあわせには、性愛の影が濃くさしていた。

若衆人形（『還魂紙料』国立公文書館蔵）

会津藩『家世実紀』の世界をのぞいてみよう。

寛文五年（一六六五）三月十日、吉田次郎左衛門の草履取り長蔵が、「衆道之儀ニ付」黒河内彦右衛門の三男又市郎を殺害した件で刎首《ふんしゅ》された。かつて長蔵は、御勘定頭の悴野村宇兵衛に強引にプロポーズし、宇兵衛が前髪姿の間、すなわち元服前は自分以外の男と「噺《はなし》」をしないよう起請文《きしょうもん》まで差し出させた。

ところが宇兵衛には十二歳のときに求愛され関係を結んだ男、又市郎がおり、宇兵衛の母が心配して二人の間を清算させてからも、又市郎はたびたび宇兵衛に色を仕掛け、ときには「手籠《てごめ》」におよぶことすらあった。

宇兵衛が草履取りと新たに若衆―念者の関係を結んだことを伝え知った又市郎は、愛憎に駆り立てられるように二人の命をねらう。かくて長蔵は機先を制して又市郎を殺害するに至った、というのが事件の経緯である。右の事件では草履取りは念者として登場するが、この時代、草履取りは、むしろ若衆側の者として姿をみせる場合が多かったようである。

たとえば同じ『家世実紀』慶安四年（一六五一）の〝安武太郎右衛門殺害一件〟に、後世の編纂《へんさん》者は「此頃の風俗、草履取は前髪の者にて手廻り小性同様に召仕、給仕等致させ候事に候」というコメントを付している。そういえば前述の『男色十寸鏡』にも、若衆の一つとして「小性（姓）」とともに「小草履とり」の項目が立てられ、「小草履とりは下輩の者なれば、たゞ色をあひ（愛）するにこそ」と記されている。草履取り、とりわけ前髪立ての小草履取りは、すぐれて性愛の対象を兼ねた奉公人だった。

万治三年（一六六〇）に二本松藩士日野重尚が、同藩の坂川忠右衛門に殺害された事件にも、草履取りがからんでいた（『世臣伝』）。

かつて重尚は忠右衛門が所持する刀に魅せられ、是非とも譲ってくれるよう懇願したが、断られた。それからほぼ一年後、今度は忠右衛門が召し仕っていた喜之助という「十八歳になりける前髪有《ある》草履取り」を譲ってくれと申し出た。

今度もまた断っては、重尚はどんな報復に出るやもしれぬと恐れた忠右衛門は、望み通り草履取りを譲渡した。

ところが三十日も経たないうちに、重尚は喜之助の前髪を剃って追放してしまう。喜之助が罪を犯したというのがその理由だったが、さきに刀を譲らなかったことの遺恨を晴らすためのいやがらせに違いないと直感した忠右衛門は、重尚の殺害を決意する。

ここでも前髪の草履取りは、紛れもなく性の愛玩物としてやりとりされたのである。

もう一例。時代劇や講談の世界で〝正義の味方、天下の副将軍〟の令名をほしいままにしている水戸黄門こと、徳川光圀《みつくに》（一六二八～一七〇〇）は、青年時代は手におえないほどの〝かぶき者〟であった。御傅（おもり役）の小野言員《ときかず》が、当時の光圀に対して品行を改めるように諭すその口吻は、同人の諫言《かんげん》書として現在に伝えられている。

それによれば、三味線を弾き脇差を突っ込み差しにして、「両の御手を御ふりあわせる」光圀の風俗は、正真正銘の〝はすは（蓮葉）者〟〝かぶき者〟と人々の顰蹙《ひんしゅく》をかっていた。「かろ〳〵（軽々）しく御ざ候て御かぶきなされ候」――軽率でかぶきな（異様で放《ほう》埒《らつ》な）振舞いの多い若様と、広く取沙汰《とりざた》されていたという。

そんな数々の放埒の一つとして、言員は光圀が草履取りのところに忍んで行くことを挙げている。

「ざうりとりを御らんし候とて、かろきもの丶長屋へ御一人御出なされ候よし」――まさかとは存じますが、くれぐれもお慎しみ下さいと言員はいう。そうはいっても、言員自身、若様が草履取りとセクシャルな関係を結んでいることに疑いを抱いてはいなかったのではないか。光圀の青春時代は、まさに十七世紀のまっただ中にあった。

草履取りにまとわりついた性的気分が、当時の武士社会で一般的に指摘できるとすれば、水戸藩士の悴＝少年と草履取りの事件の背景にも、ある種の性的愛憎を想定していいかもしれない。『御日記』の世界、十七世紀守山藩邸の世界は、そんな想像が全く見当はずれとはいえないような性的環境のなかにあったのである。

前髪の黄昏

前述のように、衆道は幕藩体制が固まる過程で禁止された。しかし幕府や藩の御法度という政治的な力ばかりでなく、衆道は風潮としても、しだいに歴史の表面に姿をみせることが少くなっていったように思われる。元来、風潮の推移を年表的にたどることは困難であり、とりわけこの種のテーマについてはそうである。ともあれ、そのように「思われる」に至った理由の一端を、たまさか眼にふれた史料でさぐってみたい。

天野長重は、「大猷公厳有公両世之改儀次第」――つまり三代将軍家光（大猷院《たいゆういん》）と四代将軍家綱《いえつな》（厳有院《げんゆういん》）の治世の間、元和《げんな》九年（一六二三）から延宝《えんぽう》八年（一六八〇）に行われた諸方面の改正を列挙するなかで、「御番衆《ごばんしゅ》前髪無《これなき》之事」をその一つに挙げている（『思忠志集』）。

「御番衆」とは、「江戸城をはじめ、大坂城、二条城、駿府城などの要害地の守備、および将軍の警衛にあたったものの総称」で、具体的には「大番、書院番、小姓組、新番および小十人組の五種があった」（小学館『日本国語大辞典』）。

長重の証言について、ここで歴史的に例証する用意はないが、十八歳で御書院番に任ぜられたのを皮切に、長年にわたって幕府に奉職した同時代人がその脳裏に刻み込んでいたことだから、きわめて信憑《しんぴょう》性の高いものといえよう。一六二三年以降一六八〇年までの間に、幕府の番方《ばんかた》から前髪が排除されたというのである。

あれほど衆道にまつわる事件が豊富に記載されていた『家世実紀』にも、十八世紀以降になると、この種の事件が記録される頻度が少くなる。同時に、十七世紀にはみられなかった新たな〝変化〟にも気づかないではいられない。変化は、ここでも前髪をめぐって表出する。

正徳《しようとく》五年（一七一五）のこと、このころ会津藩では、まだ元服の年齢にも達していないのに前髪を剃ろうとする藩士の息子たちが輩出し始めた。前髪を立てていては、「障《さわり》」になるから、これを取って野郎頭《やろうあたま》になりたいと願い出るケースがふえてきたのである。この風潮は、どうやら藩の意向にそうものではなく、むしろ藩を当惑させた。

享保二年（一七一七）、藩は、最近前髪の中に吹出物ができたといって、まだ幼少のうちから前髪を剃って野郎頭にしたいと願い出る者が多いことに触れ、たとえ養生のためとはいえ、藩主の御目見《おめみえ》が済むまでは前髪を剃らぬよう、わざわざ家中に申し渡さなければならなかった。

健康上の理由を申し立て、できるだけ早く前髪を取りたがる風潮が広がり、一方、藩側では、質のよい小姓を採用するためにも、このような風潮に手を焼いていたようすがうかがえる。

享保十四年（一七二九）、組付小普請有賀虎之助が元服願いを却下された一件は、この風潮と藩の利害との対立を端的に物語っている。

虎之助は「眼病に相障り候間」、前髪が眼に入って眼病に障るからといって元服願いを提出した。ところが藩主の方は、さきに虎之助を目見《めみえ》した折に、「差《さし》て小姓器量之なしとも相ひ見えず候」――なかなかいい小姓になれそうだと眼をつけていたので、許そうとしない。結局願いをしりぞけ、虎之助には眼の保養に努めるよう申し付けるのであった。

なんでもないことのようだが、十七世紀の武士社会で前髪がほとんど信仰といってもいいほど讃仰《さんごう》の対象であったこと、四十を過ぎても、場合によっては七十になっても前髪を剃らない者がいたことを想起するとき、このような風潮の変化の歴史的な重要性を感じないわけにはいかない。

もちろん美少年嗜好、同性間の性的語らいは、十八世紀以降、ぷつりと途絶えるわけではない。それはほとんど超歴史的な愛の形として連綿と営まれ、無数の愛憎劇を繰り返し今日に至る。

しかし歴史的風潮、あるいは心性史の展開という巨視的な視座から眺めるとき、十七世紀の武士社会を中心にあれほど社会的な影響力を発揮し、独自の倫理＝恋の作法を形成し、その違反者にしばしば血の贖《あがな》いを強いた衆道は、十八世紀以降、政治そして社会的場面で前世紀に帯びていたような鮮やかな色をしだいに褪《あ》せさせていったといわざるをえない。次に来るもの。それは、あるいは美少女嗜好かもしれない。〝少女の時代〟、彼女らをめぐる新たな恋の作法の考察は、しかし、とりあえず本書の領分を超える。

死の領域

助命

延宝《えんぽう》五年（一六七七）九月末日、夜八ッ半過ぎというから深夜の午前三時ころ、近くの本伝寺《ほんでんじ》脇の薬園のあたりを守山藩邸の者たちが徘徊《はいかい》していた。彼らは、前に藩邸から駆け落ちし、前日発見された弥左衛門《やざえもん》という奉公人を連れて、「成敗」すべく適当な場所を物色している最中であった。

すると彼らのようすからそれと察してか、本伝寺の住持が近づき、奉公人弥左衛門の身体に自らまとっていた衣をかけ、「此者私一命ヲ掛ケ申請度《もうしうけたし》」——この者の命、私の一命を賭《か》けて申しうけたいと、助命を願い出た。

出しぬけにそういわれても、藩邸で評議の結果死罪と決定した者の命を、たやすく救うわけにはいかない。御徒横目《おかちよこめ》の末松某《なにがし》は、とても助命できない旨を懇々《こんこん》と説いたが、本伝寺の住持は是非にといって譲らない。すると藩邸の方では、再度評議のうえとうとう本伝寺の要望を受け入れ、弥左衛門の身柄（もちろん命とともども）を本伝寺に引き渡してしまうのである。

その際の藩邸側の応対は次のようなものであった。

この者は当方としては是非とも成敗しなければならない罪人であるのに、貴僧は理不尽にも衣をかけて助命を申し出た。貴僧の行為は当方として到底許しがたいものであるが、「御合壁《かっぺき》と申し、兼《かね》て御出入」、ご近所で、かねて交際のある間柄でもあり、そのうえ貴僧が一命にかけてとおっしゃるからにはいたし方ない。かの者の命、貴僧にお渡しする。

もちろん全く無条件に助命が実現したわけではない。弥左衛門は剃髪《ていはつ》のうえ即座に遠国《おんごく》に追放されなければならず、もし姿を変えて江戸に舞いもどるようなことがあれば、そのときは見つけしだい首を刎《は》ねるといい含められた。ともあれ、いったん藩から処刑の宣告を受けた奉公人の命が、本伝寺住持の願いによって救われたのである。

本伝寺が命を救ったのは、実はこの弥左衛門が最初ではない。本伝寺はこれより二年前の延宝三年の八月にも、藩邸を駆け落ちして捕えられた者の命を救っている。しかもこの者は駆け落ちの際に傍輩《ほうばい》の刀を盗み出しているから、罪はさらに重かったかもしれない。にもかかわらず、本伝寺の本光坊が大塚町の四郎左衛門と一緒に助命を請うと、藩はその者の縄を解いて、「命を両人へ下され」たのだった。

助命行為そのものだけに注目すれば、助命は、それを嘆願する者が特定の権威を帯びている場合には、比較的容易に実現された。たとえば延宝八年（一六八〇）、前年十二月に大納戸《おおなんど》の御金箔《きんぱく》の錠をねじきった事件の犯人として処刑が決定していた石川曾閑が、伝通院の再三にわたる助命願いによって一命を救われたし、元禄十四年（一七〇一）には、やはり盗みの罪で処刑を目前にしていた御医師の家来二名が、松林院のたっての希望で処刑を免れている。

松林院は元禄七年十月にも、脇差を盗んで「御成敗」されることになっていた小者の助命を願い出ており、小者は「一命御助《おたすけ》」のうえ追放されたという。しかしこれらの例は、助命嘆願者の一方が家康生母於大《おだい》や千姫《せんひめ》などを祀《まつ》る将軍家ゆかりの寺＝伝通院であり、もう一方の松林院は藩主頼貞の生母にほかならないから、助命がかなうのは、さもありなんという感じもする。

本伝寺の場合も藩邸と隣接することからなにかと交際もあったには違いないが、伝通院や松林院の、権威に裏付けられたケースとは、全く事情が異なるだろう。にもかかわらず処刑の場に突然駆けつけ、強引に助命を実現させたのはなぜか。『御日記』に記録されたこの出来事は、当時の江戸において、僧侶《そうりょ》が罪人に衣や袈裟《けさ》を投げかけて命を救う象徴的行為、法衣のサンクチュアリ（避難所）が、なお十分その効力を発揮しえたことを示唆している。

おさん、茂兵衛の場合

少し場面を変えて、正徳《しょうとく》五年（一七一五）、大坂竹本《たけもと》座で初演された近松門左衛門作の人形浄瑠璃《じょうるり》『大経師昔暦《だいきょうじむかしごよみ》』を想い起こしてみよう。

近松がこの作品のモデルにした大経師の妻おさんと手代茂兵衛《もへえ》の姦通《かんつう》駆け落ち事件は、これよりはやく、井原西鶴の『好色五人女《こうしょくごにんおんな》』でもとりあげられていたが、二つの作品は、その結末の場面で大きな違いをみせている。

西鶴の『五人女』では、姦通事件の当事者おさん、茂兵衛は「粟田口《あわたぐち》の露草とはなりぬ」と、京都粟田口の刑場で処刑されたことになっているのに対して、近松の『昔暦』では、それこそ土壇場《どたんば》で黒谷《くろだに》の東岸《とうがん》和尚が現われ、二人に衣をかけて命を救うことになっているのである。

　黒谷の東岸和尚、衣の袖をまくり上げ、韋駄天《いだてん》のごとく飛来り、出家に棒をあてたらば、五逆罪、五逆罪。サァおさん茂兵衛、この東岸和尚が助けたと、持ったる衣をうちかけ〱肘《ひじ》を張って立ち給ふ。

刑場に紛れこんだ和尚が、韋駄天のようにというから文字通り飛び込んできて、「この東岸和尚が助けた」といって、おさん、茂兵衛に衣をかけるシーンは、本伝寺脇のシーンそのものだし、怒った役人が「罪科極ったる囚人を助くるとは、上を軽《かろ》しめたる御坊の仕方、かなはぬ〳〵」といって、かかった衣を引き剝《は》がそうとするところも、本伝寺住持の行為を理不尽ときめつけた守山藩の者の口ぶりそのままではないか。

東岸和尚の行為は、領主側が定めた法とは相容《あいい》れないものであり、その意味では紛れもなく違法である。にもかかわらず近松は、「サァ助けたと呼《よば》はる声、諸人わっと感ずる声……」と、和尚の助命行為が成就《じょうじゅ》した形でドラマの幕を閉じさせるのである。

実説では、おさん、茂兵衛は天和三年（一六八三）に処刑されたというから（諏訪春雄『近松世話浄瑠璃の研究』）、ストーリーとしては『五人女』の方が事実に忠実である。近松があえて結末のフィクションを仕組んだのは、この作品がおさん、茂兵衛の三十三回忌にあたる正徳五年に初演されたためかもしれない。しかしそんな興行上の事情のほかに、われわれは、このような今日からみればいささか荒唐無稽《こうとうむけい》な結末《ハッピーエンド》が、当時の観衆の眼には、それほど不自然に映らなかったという点に想いを至すべきだろう。

その証拠に、同じような助命行動は、本伝寺の住持のみならず、何人もの僧によって敢行されている。

会津井《い》岡《おか》村西勝寺《さいしょうじ》の住持珊竜もその一人。珊竜は、乱心者として「檻《おり》」に閉じこめられていた同村の吉兵衛が檻を抜け出して逃げ込んできたとき、「御作法はわきまへながら、まず出家いたさせ、追ってお侘《わび》申し上げ候はば御用捨もこれあるべく」とて、即座に吉兵衛を剃髪させ、直入（ただちに仏門に入ったという意味）と名付けてそのまま寺に置いた。檻破りを隠まうことはたしかに御法度だが、出家させてしまえばこっちのもの、というところか。

噂を聞きつけた村の者たちが身柄の引き渡しを求めると、珊竜は、よしんば吉兵衛（直入）に代わって自分の首が刎《は》ねられようとも絶対に引き渡すわけにはいかない、と啖呵《たんか》を切ったという（『家世実紀』元禄五年）。

このケースでは、その後事件が刃傷沙汰《ざた》に発展したこともあって、珊竜は僧衣を剝《は》がれ領外に追放された。珊竜が吉兵衛に衣をかけたかどうか定かでないが、頭をまるめ法体《ほったい》にすれば身柄を引き取って保護できるという発想は、法衣がけ＝法衣のサンクチュアリのそれと共通するものといえる。

『鸚鵡籠中記』には、もっと恰好《かっこう》な事例が記されている。

宝永四年（一七〇七）のこと、鈴木藤入なる者の娘で十四歳になるさちは、小僧あがりの十九歳の青年千介と駆け落ちした。二人は結局つれもどされ、千介は斬首。さちは父親の藤入が手討ちにしようとするところに旦那寺《だんなでら》の住持が現われ、「衣を着せ、命を乞いて尼となる」というものである。

法衣をかける相手がさちのように、父親が半ば家の仕置《しおき》として処刑しようとしている場合には、助命は案外簡単にかなったかもしれない。しかし藩などの公的権力が処刑の主体であるときには、僧侶との間で、助命要求を容れるか容れないかをめぐって、緊張した場面が演じられたに違いない。現に、山口藩が万治年間（一六五八〜六一）に編纂《へんさん》した法典集にも、「総じて、御国法の障《さわり》にあひなるべき科人《とがにん》を乞はれ免すこと、全く謂《いわれ》なき儀也、此法、寺社方へも仰せ出さる事」とあり、国法＝藩の法に触れたものについては寺社が勝手に助命要求ができないよう規定されている。

それでもなお、罪人に法衣をかけてその身柄を引き取ろうとする行為は、公然と行われることがあった。

次に、僧侶によるこのような行為と、それが惹《ひ》き起こした波紋の一部始終を饒舌《じょうぜつ》に物語る例（『家世実紀』所収）を紹介してみよう。

「法」のせめぎあい

寛保《かんぽう》三年（一七四三）のある日、会津郷戸《ごうど》村（福島県柳津町《やないづまち》のうち）の喜三郎の家に光雲という旅の僧が訪れた。武州豊島《としま》郡長崎村の生まれというから、現在の東京都豊島区の出身で、但馬《たじま》国朝来《あさご》郡の某村で寺の住職も勤めたこともあるという光雲は、住職をやめたのち沙弥《しゃみ》恵浄《えじょう》と名乗って諸国行脚の旅に出、その途中、ふとした縁から喜三郎のもとに立ち寄ったのである。

ところが喜三郎のところで、喜三郎の息子三之助が博奕《ばくち》の折の口論で相手を傷つけ、傷害致死の罪で近々死刑に処せられようとしていることを打ち明けられた光雲は、「拙僧は以前にも上方でそのような者の助命をかなえたことがある。御子息の命も救ってしんぜよう」と宣言した。

光雲はさっそく村人たちに一緒に助命行動を起こそうと呼びかけたが、村人たちはやたらなことを起こされては迷惑だと、逆に光雲に立ち退《の》きを迫る始末。しかし、喜三郎にとっては光雲が最後の頼みの綱。彼を自分の隠居屋に隠まったうえ、口論の相手は実は傷が直接の死因ではなく疫病で死んだという風聞があることを語った。これを聞いた光雲が助命行動に踏みきる覚悟をますます固めるうちに、はや処刑の当日となる。

場面は変わって会津若松城下の御仕置場。土壇に引きすえられ着物を脱がされた三之助に、首切役人が今まさに目隠しをさせようとしたそのとき、見物の群衆にまぎれこんでいた光雲から、袈裟《けさ》が投げかけられた。藩の記録によれば、袈裟も衣も首切役人の鬢《びん》にあたって地面に落ちてしまったというが、見事《みごと》三之助の身体にかかったとみた光雲は、「仕《し》すましたり〳〵（やった、やった）」と快哉《かいさい》の声を挙げたため、群集は大騒ぎ。

役人が「何者」と咎《とが》めると、光雲は「但馬の者に候、罪人に袈裟を懸け、貰受度《もらいうけたし》」と三之助の身柄を要求したのち、剃刀《かみそり》をとり出し、要求が容れられなければ自決も辞さない姿勢を示したという。ところが藩の役人たちは、もはや助命はならぬといって処刑を断行してしまう。

激昂した光雲は、このままでは出家道が立たない、僧侶としての道が全うできないと申し立てるのである。

以下、光雲と藩の興味深いやりとりがえんえんと続くが、それを逐一たどるのは煩瑣《はんさ》にたえない。彼の確信に満ちた陳述を、とりあえずかいつまんで紹介しよう。

出家が罪人に袈裟をかけるのは「法」の一つである。もっとも罪人なら誰でもというわけではない。火罪とか磔《はりつけ》にかけられるような重罪人、親殺し主殺しの罪人には、僧としても袈裟をかけないのが「作法」となっている。

衣をかける（「大経師昔暦」『日本古典文学全集 近松門左衛門集 二』小学館より）

出家が罪人に袈裟をかけ命を救うのは「法」（いうまでもなく領主側が定めた法ではない）にほかならず、しかも極罪人には袈裟をかけないという「作法」まで成立している。この行為は、それほど広く認知されているというのである。

袈裟がけの行為（法）には、またある種の競技性、ゲーム性が伴っていたようである。

袈裟は、罪人が今まさに斬られようとする、その瞬時の間にかけなくてはならない。だからこそ役人衆も処刑場を警固の者で固めるのではないか。

出家側はわずかな隙《すき》をみて袈裟をかける。いくら隙があるからといって首を切られようとするとき以外にかけては「作法」に反する。だからこそ、三之助に袈裟がうまくかかったと思った光雲は、興奮を抑えきれずに「仕すましたり」と叫んでしまったのだろう。

〝すばやさ〟と〝正確さ〟を争う競技性は、女性の駆け込み慣行のそれとも相通じる。すなわち、離婚を願って寺へ逃げ込もうとする女性が、よしんば自分の身体がまだ寺の外にあっても、草履など所持品を寺のなかに投げ込めば（〝すばやさ〟と〝正確さ〟＝コントロールのよさが要求される）、追手はそれ以上の追跡をあきらめなければならないという約束事

＝作法との類似を想い起こさせるのである。

光雲の陳述で最も迫力があるのは、作法に則《のっと》って袈裟をかければ、助命はかなうはずだという「法」の実証として、自らの経験、実績を述べたくだりである。

光雲は、罪人に袈裟をかけるのは「仏法第一の所作」と断ってから、自分は前にも加賀藩の近習《きんじゅ》で中島円治という者を助けたことがあるし、但馬の国で城山の木を盗伐して死罪を宣告されていた伊八という者をもらい請けて出家にしたこともあるといい、これらの実績をもとに、「袈裟をかければ命を助けられることは子供でも知っている」と畳みかけ、この「法」＝慣行の全国性を主張する。

藩の役人が「御家の法度」＝藩法を楯《たて》に袈裟がけの行為の合法性を否定すると、それはあくまで「御家の法」であって、「天下の法」では袈裟をかければ助命がかなうことになっていると突っぱね、「御家」＝藩を超えた「天下」を持ち出して、これを論駁《ろんばく》するのである。

一方、会津藩の対応はといえば、曖昧《あいまい》で確信を欠くという印象を免れない。役人たちは、当初なんとかして光雲をなだめ諭して領内から退去させようとしたが、光雲は自分の理を申しつのるばかりで、ややもすれば藩の側がいい負かされそうになった。そこで方針を変えて事件の糾明にとりかかったが、その後も対応に戸惑《とまど》うばかり。結局幕府の役人にも内々で問い合わせたうえ、ともかく光雲を立ち退かせることで落着《らくちゃく》をはからざるをえなかったのである。

いささか『御日記』の世界から遠くにきすぎたかもしれない。ここで再び十七世紀の江戸に眼をもどすことにしよう。

天野長重は、『思忠志集』に、天和二年（一六八二）の三月十一日から十三日にかけて日本橋で鋸引《のこぎりびき》のため晒《さら》され、十四日に浅草で磔《はりつけ》にかけられた一人の僧、光入のことを書きとめている。

光入は以前奉公人であったが、博奕と傾城《けいせい》に狂い、なかでも博奕の方は何度か意見され博奕断ちの起請文（誓約書）まで提出したものの、やまらない。ついに主人が手討ちにおよぼうとしたところに、ふと現れた願故という僧が、「幸之義也《さいわいのぎ》、衣をきせ道へ入るべし」といって主人に手をすってわびたので、主人はせん方なく身柄を引き渡した。願故は約束通りかの奉公人を出家させ、光入と名を改めさせた。

ここまではいい。光入がのちに名僧になったとでもいうなら、願故もまた伝説のなかでその炯眼《けいがん》をたたえられたであろう。ところがその後の経過は全く逆の方向を突き進んだ。光入の旧習はあやうく死をのがれてからも改まることなく、ついに師の願故を殺害して金を盗み、鋸引→磔刑《たっけい》のコースをたどったというものである。

光雲が「天下の法」と唱え、領主の法とほとんど互角にわたりあった〝法衣のサンクチュアリ〟は、光雲が確信をもって述べるほど一般的ではなかったにせよ、江戸の街角でもなお公然と行われえたのである。

大塚の地で守山藩邸と本伝寺の間でやりとりされたあの出来事も、そのわずかな一例にすぎなかったのではないか。

江戸という空間のなかでサンクチュアリの性格を帯びていたのは、藩邸の空間だけではない。袈裟衣をかぶせることで、そのなかのわずかな空間も、瞬時にサンクチュアリとなりえた。そして諸宗の寺々と地理的空間的に近接する藩邸の世界は、とりわけ死の領域において、こうした〝出家の法〟と予想以上に深くかかわり、せめぎあっていたのである。

捨てられる屍

本伝寺の住持の眼にもとまらず、松林院や伝通院から助命願いが出されるわけでもなく、不幸にしてごく普通に処刑されてしまった罪人たちにも、ふれておかなければならない。

貞享元年（一六八四）正月、御小姓組根本甚五《じんご》右衛門《えもん》は、天水桶《てんすいおけ》の脇にひそむ怪しい者を見咎めた。甚五右衛門に発見されたと知るやかの者は抱えていた衣類を捨てて逃げ出し、東御門長屋の方に姿を消した。

藩邸ではさっそく詮議《せんぎ》となり、その結果、斎藤太左衛門《たざえもん》という者が有力な容疑者として浮かびあがった。太左衛門は下屋敷《しもやしき》に連行され、そこで相次ぐ拷問にかけられる。数度にわたる拷問に耐えた太左衛門も、木馬責めにあうと三度目にしてようやく落ち、盗みを白状するとともに、二名の共犯者の名を吐いた。

太左衛門および足軽吉兵衛、矢蔵手代箕輪平四郎の三人の処刑は、三月三日の晩、下屋敷において執り行われることになった。といっても由緒正しい古儀に則って行われたわけではまったくない。ただでさえ人通りもない夜分、下屋敷でもおそらく最も寂しい裏門の辺りで、「むさと人出合申さず候様」——まちがっても袈裟を投げかける僧などと出合わぬよう周囲に眼を配りながら、三人を処刑したという。

それでもこの三人は、死骸《しがい》が大塚に運ばれ、例の本伝寺に埋葬されただけでも、まだよしとしなければならない。

寛文十三年（一六七三）に駆け落ちして捕えられた奉公人の場合など、軽輩《けいはい》（若殿様付冨田伝七の譜代奉公人だった）ということもあって、その処刑はさらにあっけないものだった。

処刑のときは同じく夜分。しかし場所は「板橋《いたばし》の原《はら》」で、『御日記』は処刑のようすを

「今晩板橋の原において首を打つ、則ち其場《そのば》に穴を掘り埋め申し候」とさりげなく記している。死骸は寺でも墓地でもなく、板橋の原に穴を掘ってそのまま埋められたのである。

板橋といえば、延宝二年（一六七四）に若党を殺害したうえ諸道具を盗んだ草履取りが処刑されたのも、「下《しも》板橋の近所」である。ちなみに処刑が執行された時刻は、「夜前九つ時」というから午前零時、やはり深夜であった。

軽輩の処刑は藩邸外の人目につかない場所で、漆黒《しっこく》の闇のなか、さりげなく執行された。処刑後の屍《しかばね》の処理は、簡単というよりほとんど遺棄というに等しい。

〝さりげなく遺棄される屍〟というテーマは、天和三年（一六八三）の『御日記』の記述からも、浮かびあがる。

この年の三月、播磨守の屋敷と下氷川の間に「捨死人」、遺棄死体があることを聞きつけた守山藩主は、これを「様物《ためしもの》」、すなわち新刀の試し斬りに用いることにした。そこで屍を薦《こも》に包んで道の下に埋め、二日後の三月九日、下屋敷に運んで試し斬りを実施したという。

ところで当日の『御日記』は、この件について「氷川下の死人、今日御下屋敷において様物に仰せ付けらる、暮過、氷川下へ捨て申し候」と記している。

試し斬りが済んだ「捨死人」は、再び捨てられた。遺棄死体は、屍としての用途を終えたのち、再度遺棄されたのである。

漂う屍

試し斬りといえば、寛文元年（一六六一）、加賀藩では、路上の行き倒れ死体や溺死体《できしたい》を みだりに様物《ためしもの》に用いないよう申し渡している。

江戸のように無数の水路が錯綜《さくそう》する水の都なら、屍はとりわけ水中や水辺に多く見いだされたに違いない。『御日記』にも、麻布《あざぶ》の堀美作守下屋敷脇の川のなかに幼女が切り殺されていたことや（元禄十年）、本所の下屋敷前の川に、女の屍が流れていたこと（同十五年）が書きとめられている。後者は、鳥越町《とりごえ》の町人伊勢屋伊兵衛の妻で、産後「血不レ納」ことを気に病んで入水《じゆすい》したものであったという。そんなさまざまの事情を呑《の》み込みながら、屍を漂わせる水の領域は、同時に死の領域とも重なり合うのである。

怪談集『諸国百物語《しよこくひやくものがたり》』（延宝五年刊）にこんな話が載っている。

紀州のある所で、侍たちが夜咄《よばなし》、つまり夜分集まって他愛ない世間咄に興じていた。するとそのうちの一人が提案した。「宮のまへに川あり。この川を（折）り〳〵死人《しひと》ながれきたるまゝ、たれ（誰）にてもあれ此川へこよひ（今宵《こよい》）ゆきて死人の指を切りたらんものは、たがひの腰の物をやらん」――腰の脇差を賭け物にして肝だめしをしようというのである(「賭づくをして我が子の首を切られし事」)。

現代から見れば、実に馬鹿げた賭けである。しかもこの賭けが成立するには、普段から見慣れた川に頻繁に屍が流れ漂っていることが、前提として共有されていなくてはならない。

元禄七年(一六九四)の序をもつ『好色万金丹《こうしよくまんきんたん》』に、「人が死ぬれば薦《こも》に巻いて川へ流し、近き親類は鰹節齧《かじ》つて泣く村もあり」とあるのも、当時、水葬の慣習によって、水面にしばしば屍が漂っていた可能性を示唆するものといえよう。

水中に屍を投棄することは、とりわけ水子《みずこ》の屍について、明治維新以降も容易に拭《ぬぐ》い去れない慣習の一つであった。

明治のはじめ、青森県下では、月数満たずに生まれて死んだ水子などを河に捨てるために「投棄された孩児(子供)」の死体が「間々《まま》浮出」、県当局はこれを「実ニ如何ナル醜態悪習ソヤ」といって厳しく禁止しなければならなかったし、同じころの和歌山県の「達書」に、「区内人民ノ嬰児ノ死スルアレハ、水葬ト唱ヘ死体ヲ河川ニ投棄スルノ陋習《ろうしゅう》ヲ改メシム」とみえるのも、水葬の慣習が、文明開化後も根強く残っていたことをうかがわせる。

河鍋暁斎のみたもの

水葬といえば、次のエピソードは、これがなにも僻村《へきそん》の特異な習俗ではなく、江戸の都市空間のなかでもなお日常的に行われえたことを示唆してはいないだろうか。幕末から明治にかけて活躍した画家河鍋暁斎《かわなべきょうさい》が九歳の折というから、天保《てんぽう》十年(一八三九)ころのことである。

連日の雨で水かさを増した神田《かんだ》川の水流が岸に漲《みなぎ》るようすを写生しようと、桜《さくら》の馬場《ばば》(現在の御茶《おちゃ》の水《みず》あたり)岸辺にやってきた少年暁斎は、そこで長い毛が水中に靡《なび》いているのを発見した。ひょっとしたら蓑亀《みのがめ》じゃないかと思って持ちあげてみると、あにはからんや男の生首である。

しかし、さすがに栴檀《せんだん》は双葉《ふたば》より芳《かんば》し、暁斎は生首の実物を写生する絶好のチャンスと喜んでこれを家に持ち帰ったが、考えてみればこんな物を家で見つけられたらどんなお咎めをこうむるやもしれないと、再びもとの場所に運び、そこで丹念に写生を始めた。すると、

早晩《いっしか》見物山を做《な》せしが、幸ひに咎むる者なく書終り、用意做して来りし観音経に首を包み、又流して水葬と做したるに、未だ十歳にも充《みた》ざる小児の業《わざ》故か、幸ひにして官

の紕しにも遇《あわ》ざりき（『暁斎画談外篇』）

生首を写生する少年のまわりに見物が群がっているさまも異様だが、十歳にも満たない少年が観音経で手際よく生首を包んで「水葬」する情景は、今日の感覚からすれば凄絶《せいぜつ》とすらいえる。しかし暁斎の行為＝水葬は、さほど異様な感じも惹起《じゃっき》せず、衆人環視のなかでさりげなく執り行われたのである。

ところでこの逸話を載せた『暁斎画談外篇』（明治二十年刊）の編者は、この行為が、十歳に満たない少年の行為であったがゆえに、官の咎めを受けなかったように述べている。はたしてそうか。

投棄死体、なかんずく誰とも身元の知れぬ水死体に対する社会の意識、法的取り扱いは、明治二十年代のいわば近代以降と江戸時代では、顕著な違いがあるように思われる。

『鸚鵡籠中記』によれば、貞享五年（一六八八）、名古屋城下本町《ほんまち》と七間町《しちけんちょう》の間に置かれた水番樋に死骸が浮かんでいたとき、それが誰の眼にも入っていたにもかかわらず、折からハレの祭りの日だったので、とりあえず見ぬふりをして放置されたというし、宝永七年（一七一〇）、熱田堀に顔が膨張し爛壊《らんえ》した屍が流れ寄ったときも、これが板倉家家老ゆかりの者とおおかた察せられながら、面倒なので犬や鳥が喰《く》いついばむのにまかせられたと記されている。

水死体の放置は、場所によっては、それこそしかるべき処置、合法ですらあった。『異扱要覧《いあつかいようらん》』は別名『辻番所心得異扱要覧《つじばんしょ》』ともいい、辻番人が異常な事態に遭遇した際、どのように処置すべきかを記した書である。このいわば公的規則集のなかに、「水死者之事」という、水死体を発見したときどのように処置すべきかを述べた箇所がある。

それによれば、屋敷内や辻番の廻《まわ》り場のうち、あるいはお堀その他「汐入《しおいり》」でないところで水死体を発見したら、ただちに目付に届け出なければならないという。「汐入」とは海の潮が流入する水域のことで、この場合は右の規定は適用されない。では「汐入」の場ではどうすべきかといえば、

汐入御堀にては、浮《うき》死《し》骸《がい》は流来《ながれきたり》候はば、突流《つきながし》申すべく候、併《しかし》流兼《かね》候はば、御目付中様へ御届け……

水死体が流れ着いても、いったんは突き流し、それでも流れていかないようであれば、そのときはじめて目付に届けよというのである。たまたま眼にふれた水死体を放置しておくことはいわずもがな、いつどこで死んだとも知れぬ水死体がしばしば浮かびあがる「汐

入」の場では、一度は突き流すことこそが、合法なのであった。
昭和六十年の『警察白書』によれば、昭和五十九年に水上警察が処理した変死人は四百三十四体、前年五十八年は五百十体であった。江戸の水の領域に漂い浮かびあがった変死体の数がどれほどであったか、正確な記録を欠くので明らかでないが、いずれにせよ、その多くは身元不明のまま放置されたに違いない。なかんずく「汐入」の場に流れ着いた屍など、海から潮に漂ってきたものが多いから、当局としても、いちいち検屍《けんし》をし身元を調査するのは煩瑣に堪えなかったのであろう。

土左衛門伝吉

棄《す》てる神あれば拾う神あり。水死体に対する一般の認識や法的規定が〝われ関せず〟としていた一方で、これら浮かばれぬホトケを埋葬することで、ある種の宗教的自浄感を得ようとする者もいた。河竹黙阿弥《かわたけもくあみ》の代表作『三人吉三廓初買《さんにんきちさくるわのはつがい》』に登場する土左衛門伝吉《どざえもんでんきち》など、その一人ではなかったか。

私《わし》やァ葛西《かさい》が谷《やつ》の割下《わりげ》水《すい》で、家業は邪見な夜《よ》鷹宿《たかやど》。以前は鬼ともいはれたが、一年増しに角《つの》も折れ、今ぢやァ仏の後生《ごしょう》願ひ、土左衛門（水死体）を見る度に、引き上げちやァ葬るので、綽名《あだな》のやうに私《わし》が事を、土左衛門爺ィ伝吉と言ひます、見掛《か》けによらねへ信心者《しんじんしゃ》さ。(『三人吉三廓初買』)

以前、屋敷に忍び込んで刀を盗み出した伝吉は、塀の外で犬に吠《ほ》えられたので、これを斬り殺した。斬られた犬は孕《はら》み犬で、その因果が子に報い、伝吉の妻が産んだ子供の全身に斑《ぶち》のような痣《あざ》が。一部始終を聞かされた妻は、逆上して子供を抱いて川に身を投げる。「それから悪心発起《あくしんほっき》して、罪滅ぼしに川端へ、流れ着いたる土左ヱ門を、引き上げちゃ葬るので、綽名《あだな》になった土左ヱ門伝吉」。

安政《あんせい》七年(一八六〇)正月に初演された『三人吉三』は、十九世紀後半の江戸、その殷《いん》賑《しん》極まる都市の底辺を流れる闇《くら》い因果譚《たん》を鮮やかに劇化し、舞台の上に再現してみせた。土左衛門伝吉の因果は、しかしドラマ、物語の世界だけで作りだされたものではない。これが現実の世界と重なり合うことは、曲亭馬琴《きょくていばきん》の証言によっても明らかである。すなわち馬琴は『兎園小説拾遺《とえんしょうせつしゅうい》』のなかで、次のような道心者《どうしんじゃ》を紹介している。

本所立川辺《ほんじょたてかわ》にひとりの道心者あり、此者、壮年の頃までは悪党なりしに、故ありて発心し、剃髪して道心者となれり。常に慈善の行ひを旨として、浮戸《うきし》体《たい》などあるを見れ

ば、窃《ひそか》に引あげて葬りし事も、幾度にか及べり

土左衛門伝吉といい、この本所立川（竪川《たてかわ》）の道心者といい、等しく悪党の改悛《かいしゅん》した姿。水屍の埋葬は、そんな都市の底辺に身をひそめる彼らの、ささやかな償いであった。

〝水中に投棄された死体〟というテーマは、しかし底辺にあらざる空間＝藩邸の世界においても、身近に感じられることがあった。とりわけ会津藩のように東京湾に程近い三田《みた》に下屋敷をかかえている場合は、そうである。

『家世実紀』延宝五年（一六七七）三月五日の条には、「於箕田《みた》御屋敷、御聞番守能十郎左衛門中間庄吉儀、下女を致殺害一己も自害仕候を以、死骸海中へ取捨」という要約が付されている。

この刺激的な要約につられて、もう少し事件の経緯に立ち入ってみることにしよう。

死体処理の悩み

御聞番守能十郎左衛門の中間《ちゅうげん》庄吉が傍輩《ほうばい》の下女を殺害し、自害して果てた。このため三田の藩邸では二つの屍を処理しなければならなくなった。下女の死体は、請人《うけにん》（保証人）に見せたのち、引き渡された。彼女の死体が捨てられずに請人らに引き渡されたのは、彼

女がもともと江戸の住人だったからだという。

では「郷中間」――会津の在所から江戸藩邸に奉公にきた庄吉の死体はどうかといえば、請人に見せるまでは同様だが、その後は藩邸の正式な手続きを経て海に投棄されてしまった。

『家世実紀』をみるかぎり、藩邸の御仕置者《おしおきもの》(死罪の者)などの死骸は、少くとも享保十四年(一七二九)まではしばしば海中に投棄されていたらしい。会津藩邸でこのことが再検討され、改正がなされたのは、享保十四年十二月の事件以後のことだった。

この月の朔日《ついたち》、中間の喜左衛門が傍輩の林治に突然斬りつけ、林治は治療の効なく死去した。吟味の結果、喜左衛門は「乱心(精神錯乱)」と判定されたが、情状酌量の余地なく、喜左衛門の打首が決定する。ここまではなんの問題もなかった。

ところが処刑後、喜左衛門の死骸をどう処理するかという点に評議が及んだとき、藩邸には従来明確な方針、規定がないことに思い当たる。藩主に伺いをたてると、

……且又《かつまた》仕置者死骸は箕(三)田西蓮寺《さいれんじ》へ前々より遣《つか》はし候哉《か》。西蓮寺は寺地も狭く候間、迷惑致すべく候。品川《しながわ》浦へ捨てさせ候儀はまかりならざる趣に候哉吟味致し、捨て候ても苦しからざる事に候はば、向後《きょうこう》(今後)品川浦へ捨てさすべく候、享保三

年四条藤右衛門妻に殺され候助八死骸は、品川浦へ捨て候様御覚えなされ候旨仰せ出さる。

意訳すれば、御仕置者の死骸は、従来三田の西蓮寺に埋めていたということだが、西蓮寺は敷地が狭く、これを迷惑がるだろう。ならば品川浦（すなわち海中）に捨てることを検討してみたらどうか。もしそれで支障がないようなら、今後とも海に葬るようにすればよい。享保三年にも、たしか死骸を品川浦に捨てたように記憶しているが……。

右によれば、藩邸の御仕置者の死骸は本来は寺に埋葬されることになっていたが、寺側の事情で必ずしもそうならず、しばしば海中に投棄されていたことがうかがえる。

今回も、いや今回以降ずっと、御仕置者の死骸はすべて海に葬ったらどうかという意見は、藩邸上層部の評議の結果、採用されないことになった。採用となったのは、「前々より鈴ヶ《すずが》森《もり》伝吉方より乞食に申し付け、御仕置場の儀故、切捨て申し付け候先例にこれ有り、依《よっ》て今日鈴ヶ森において打首申し付け候」という処理の仕方であった。

ここで「前々より」というのが、一体いつごろからなのか明らかでないが、会津藩邸としては、寺でも海でもなく、幕府が設置した公儀の御仕置場（処刑場）である鈴ヶ森で処刑を執行し、死骸をその場に放置する（「切捨て」）＝捨てるという仕方を選んだのである。

丸橋忠弥《まるばしちゅうや》、平井権八《ひらいごんぱち》あるいは八百屋お七らの処刑地としても名高い鈴ヶ森は、慶安《けいあん》四年（一六五一）に、「大井村浜川町の南方一本松の東海道往還西側にあたるところ、上、中、下田、下畠あわせて五反歩を召しあげてつくられた」（『品川区史』）刑場で、浅草の刑場（小塚原《こづかっぱら》）に対して、品川の刑場とも呼ばれた。慶安四年の開設なのだから、延宝五年の庄吉の死骸も享保三年の助八のそれも、等しくここで処理され（捨てられ）てもよかったような気もするが、そのころはまだ品川浦に投棄してもなんの支障もなかったため、あるいはより簡単な方法が選ばれたのかもしれない。

それにしても、享保十四年の時点で死骸を海に捨てることがどのような支障を生じるようになったのか、興味深い点であるが詳しい事情は記録されていない。ともあれ会津藩邸では、享保十四年の時点で、御仕置者の屍の処理場が、従来、寺、海、鈴ヶ森と多様であったのを、鈴ヶ森に一本化する方針が打ち出されたのである。

事実これ以降、藩邸の御仕置者の処刑および死骸の処理場は、少くとも『家世実紀』をみるかぎり、いずれも鈴ヶ森である。享保十八年（一七三三）に芝の藩邸（中屋敷）の御蔵に盗みに入った治兵衛、寛保《かんぽう》三年（一七四三）にやはり芝の御蔵から衣類を盗み出した利喜治、そして延享《えんきょう》元年（一七四四）に三田の藩邸に盗みに入った銀蔵など、いずれも鈴ヶ森の刑場で切り捨てにされている。一方、死骸を海に捨てたという記述は、ぷっつりと見られなくなる。

死から遠ざかる武士

かつて戦場を駆けめぐり死臭のなかで起居した武士たちも、この時期には、死にまつわることを〝穢《けが》れ〟として忌み、急速に〝死の領域〟から遠ざかりつつあった。『葉隠』は往時をふりかえって、嘆息する。

山本吉左衛門は、親の教育方針で五歳のときに犬を試し斬りし、十五歳には御仕置者で刀を試した。総じて昔の侍は、十四、五歳で首を斬る経験をさせられたものだ。上つ方だって例外ではない。勝茂《かつしげ》公（一六〇七〜五七に佐賀藩主）なども若い時分、直茂《なおしげ》公（勝茂の父）の指図で続けざまに十人を斬り習われた。

ところが昨今はどうかといえば——、人を斬り習うことなど「わざわざしなくともよい」とか、「縛られている罪人を斬ったところで手柄にもならない」、あるいは「むやみに人を斬っては科《とが》になる」「穢れる」とか、いろいろと理屈がましいことばかりいって避けようとしている。

畢竟《ひっきょう》、武勇の方に疎々敷《うとうとしき》ゆへ、爪根みか（磨）き、奇麗事ばかりに心懸け候故かとおもわるゝ。

つまるところ武勇の方面にうとく、うわべを飾るばかりである——。

著者は右のような古老の慨嘆に共鳴する感性は持ちあわせていない。ただ、ここでとりあげられている試し斬りをめぐる武士社会の感じ方の変化は、注目に値するだろう。『葉隠』ほどむき出しではないにしても、尾張藩士朝日重章《しげあき》もまた、「様物《ためしもの》」について何度か言及している。

試し斬りの専業化

元禄五年（一六九二）のある日、朝日重章は星野《ほしの》勘左衛門《かんざえもん》の下屋敷に試し斬りを「見物」に出かけた。この時試し斬りに使われた屍は胴だけで、首は獄門にかかっていたという。重章の見物は、朝五ツ過ぎ（午前八時過ぎ）から日暮近くまでというから相当長い。

試し斬りは、当時かなりの見物人を惹き寄せたらしく、宝永三年（一七〇六）には、見物が多いと「白刃前後にひらめき、甚《はなはだ》あぶなき」といって、町人たちの試し斬り見物を禁止する触《ふれ》が出されているくらいである。

見物人の多さは、必ずしも試し斬りの隆盛を物語るものではないだろう。むしろ試し斬りが日常的に行われにくくなっており、それだけに稀《まれ》な機会として多くの人々を群がらせたと考えることも可能ではないか。

事実、『鸚鵡籠中記』の「様物」関連の記事は、いずれも執行者の見事な斬りっぷりや見物人の喝采《かっさい》を伝えるものではなく、その穢れや暗い因果にふれたものが多い。

元禄六年、重章は両親と一緒に熱田に出かけたが、「予《われ》は去冬様物を切たる故に神を拝さず」と、参拝をひかえた理由を記しているし、翌七年には、日ごろ試し斬りを業としていた浅井孫四郎が、病床で「あら痛や〳〵」と町中に響き渡るほど悶《もだ》え叫びながら死んだ話が書きとめられている。元禄十六年には、蟹江猪介が父親に勘当されて逐電したと記しているが、彼もまた様物を業とする、試し斬りの専門家であった。

様物を業とする者とは、藩主その他からの命令あるいは依頼によって、新刀の試し斬りをする者のことである。『家世実紀』にも、元禄十四年九月二十一日に、与力上遠野五左衛門の三男宇多右衛門が「様物の技」に長じていることが藩主の耳に達し、十石二人扶持《ぶち》で「様者(物)芸者」として召し出されたことが記録されている。

様物芸者、つまり試し斬りの専門的執行者(技術者)の登場は、武士社会で試し斬りに

対する心理的躊躇《ちゅうちょ》や触穢《しょくえ》観が広がり、手ずから執行することを忌避する風潮が浸透した、

その制度的反映にほかならないだろう。様物芸者といえば、幕府の御様御用《おためしごよう》を代々勤めた山田浅右衛門《やまだあさえもん》の初代も元禄・宝永ころの人で、それまでは「御三代様（家光）までハ山田浅右ェ門ト申者もなし」というように、将軍佩刀《はいとう》の御様御用や御仕置者の斬首は、剣術師範の中川左平太が行っていたという（『仮寝の夢』）。

宝永元年（一七〇四）四月、神君家康の命日に行われる日光祭礼にあたって、幕府は、神事を穢さぬようあらかじめ忌み慎しむべきさまざまの〝穢れ〟を列挙して示した。〝穢れ〟は、死穢、産穢に始まり「遺精」にまで及ぶ。

そしてここでも、試し斬りは「ためし候刀脇差三十日過らば穢無レ之《これなし》」（『文露叢』）と、穢れの体系のなかに位置づけられている。試し斬りに用いた刀脇差には三十日間穢れが付着し、したがって神事の場には携帯できないというのである。

試し斬りをめぐる風潮、新たな作法は、試し斬りの執行者ばかりでなく、執行の場にもおのずから限定化を及ぼすだろう。元禄十年（一六九七）、守山藩主は十月十九日と十二月二十九日の二度「御様物」を命じているが、それはいずれも下屋敷で執行された。試し斬りだけではない。「拷問」「成敗」「切腹」は、少くとも『御日記』をみるかぎり、

藩邸から遠く連れ出され処刑される場合をのぞけば、多くの場合、下屋敷がその場を提供しているようである。上下藩邸の機能分化は、これら〝死の領域〟に属する事柄において、とりわけ鮮やかであった。

見いだされた老い

天野長重の略歴

死の領域への言及は、どうしてもその裏返しの領域、すなわち健康というテーマへの関心を促す。

つぎにわれわれは、十七世紀の武士社会で健康がどのような形で問題にされ、健康維持のために当時の武士がどんな工夫、心がけをしていたかをみていこう。

しかしながら、『御日記』には個々の武士たちの健康問題について、それほど具体的な記述がちりばめられてはいない。そこで本章では、多少『御日記』の世界から離れて、旗本天野弥五《やご》右衛門《えもん》長重《ながしげ》の生活に立ち入ってみることにしたい。

天野長重の『思忠志集《しちゅうししゅう》』は、これまでも何度か引用してきたし、『御日記』にも天野長重の名前は登場している。長重は十七世紀の同時代人、江戸で暮らした武士として、『御日記』の世界と、時間と空間を共有していたといっても過言ではない。したがって彼の世界に眼差《まなざ》しを移したとしても、そこに看取される事柄は、また『御日記』の世界とも決して無縁ではなかったはずである。

最初に長重の履歴を、『寛政重修諸家譜』という、公的で固苦しい、しかしそれなりに詳細で、なににもましてとりあえず信憑《しんぴょう》性の高い資料でたどっておこう。

長重の祖父繁昌《しげまさ》は、はじめ松平信康《のぶやす》、のちに家康に仕え、駿河国に二百石を与えられ、慶長十九年（一六一四）、五十八歳で没した。その子長信《ながのぶ》は、二度にわたる大坂の陣に参加したのち、元和二年（一六一六）に御納戸番頭《おなんどばんがしら》を拝命。寛永三年（一六二六）には将軍秀忠《ひでただ》の息女で後水尾《ごみずのお》天皇に嫁した和子こと東福門院附《とうふくもんいんづき》となり、豊前守に叙せられている。その後同二十年に禁裏附《きんりづき》を拝命、正保二年（一六四五）、五十九歳の折京都で没した。このときまでに長信の禄高《ろくだか》は二千五百三十石余であったという。

長重はこの長信の嫡子で、寛永十一年（一六三四）、二条《にじょう》城で将軍家光に拝謁《はいえつ》、ときに十四歳であった。正保二年、父のあとを継ぎ、以後、延宝四年（一六七六）に御先手鉄炮頭《おさきてつぽうがしら》、元禄二年（一六八九）に御鎗《おやり》奉行、同七年には御旗奉行に転じている。禄高は天和二年（一六八二）時で三〇三〇石余。元禄十四年八月五日、老年のため職を辞し、十二月十二日致仕《ちし》、隠居の身となった。宝永二年（一七〇五）没、享年八十五。子供は男子五人、女子二人と記録されている。男子「某《なにがし》」は病弱のため仏門に入り、友右衛門政武《まさたけ》は依田政勝のもとに養子入り、長三郎長頼《ながより》が家督を継ぐことになっていたが、元禄二年に四十八歳で逝き、跡目は孫の長吉が継いでいる。

右の略歴からもうかがえるように、長重は紛れもなく十七世紀を生きた武士であり、われわれは、彼が遺《のこ》した二十数冊の詳細かつ率直な記録である『思忠志集』をひもとくことによって、当時の武士たちが抱いていた生活的な感慨、暮らしの思想と接することができそうである。

テーマとしての健康

健康に関する記述を拾い出してみよう。というよりも、健康論、養生論は、どの冊子をひらいても否応《いやおう》なく眼に入ってくる。『思忠志集』は、書名に似合わず、すぐれて健康をテーマとした備忘録的記録集の観を呈しているのである。

長重は「忠の道根本」として、「息災《そくさい》なる様にすべき也」という。彼の口ぶりを紹介すれば、「忠孝慈愛の道を嗜《たしな》み勤（努）んとならば、息災に成べし。息災ならんと思はゞ無病なるべし」（延宝八年記、〈忠孝慈の導きを知る〉という一文より）というものである。息災＝健康は、同時に武士道の本質でもあるという。彼が「武芸次第」（武芸の重要度順序）として十二ヵ条を挙げるとき、第一番目、つまり一番重要なのは「がんちやう（頑丈）」で、太刀、弓など文字通りの武芸は第二番目以下に挙げられている。寛文九年十一月十四日には、武芸の根本は「がんじやう（頑丈）と馬乗也《なり》」と断言（〈武士の本は息災也〉）。天和二年の九月十七日にも、「武士の嗜《たしなみ》、無病に成るべきは、これに増《まし》たる事有べきか」と繰り返している。

裏返せば、不健康は武士が最も忌むべきことで、「煩《わずら》ものは不心懸《ふこころがけ》の武士也」（延宝七年〈武士心懸〉）、病気をするような武士は駄目なのである。武士として駄目なだけではない。「煩事、死する事悪敷《あしき》事成《なり》と寝にも起にもよく〳〵心の底へし（浸）みこませ、時に触《ふれ》事に触《ふれ》思ひ出すを人性の要《かなめ》に候事」（天和二年〈煩らわざる法〉）といっているのをみれば、煩（病気）は人間としての「悪」ですらある。

「忠と謂《いっ》ぱ死なざる事を第一にし、命捨るを安んずる、是を第二とすべき事」――従容《しょうよう》と忠死を遂げることより、とにかく死なないことの方が「忠」として質が高いというくらいだからあとは知るべし。「武男」だって〝健康〟には従属せざるをえない。

元禄二年六月三日、長重は〈武勇の冥加《みょうが》を受る真実の心掛〉と題して、「第一無病に有るべき叓《こと》」と書き記している。技術的な面＝「武芸」の従属度はさらに高い。天和二年十月十五日、息子たちに対して、もし父母に孝を尽くそうと思うなら、「汝等《なんじら》無病にして（中略）武芸をこの（好）み足を健にせん事を第一にして……」というとき、武芸は、もはやそれによって健康を保つための一手段でしかないかのごとくである。

長重はまた、武士であることを喜び、武士としての業をおろそかにしない武士を、〝武士数寄《すき》〟という言葉で表現しているが、その武士数寄のなかでも、「養生を能《よく》するを第一の人といふ」――健康管理に長《た》けた人を第一人者としている。

立身＝出世の第一条件も、健康以外のなにものでもない。彼が「立身の法」を説くとき、立身とは金銀や知行に富むことではなく、第一に無病であることであった。無病すなわち健康は、立身するための条件というより、むしろ健康の維持即立身という感じすら抱かせるのである。

無病に過《すぎ》たる宝あるべきや。万事を打捨ても息災にならん事を習い求め、工夫修煉（練）してこそ行なはめ（延宝七年）

健康がすべてだった。今日、通俗的な意味で「体が資本」とか「健康がなにより」と日々実感するのに較べ、長重のそれはほとんど強迫観念ともいえる健康至上主義である。しかもこのような発言が、一方で〝武士道とは死ぬこととみつけたり〟という美意識、倫理観がなお根強く主張され、命を惜しむ行動が「柔弱」として士籍剝奪《はくだつ》の理由にさえ十分なりえた時代になされたことを考慮するとき、その歴史的な重みを軽く見積もってはならないだろう。

性の自己規制

健康がすべての中心であるからには、おのずからさまざまな健康法にも言及される。「養生に小石をひた物（ひたすら）拾ひ、こゞみ身をつかふ能由《よき》」――小石拾いに精を出すと、自然と身体をかがめたりするので運動になって健康によい。

身体を動かす点では武芸に励むのもいいが、年老いて思うように稽古《けいこ》ができなくなったら、「草葉の上、樹木などの類《たぐ》ひにて色〳〵気を点ずる工夫して、身をつかふべし」（寛文十年〈自ら養生の事〉）、園芸が恰好《かっこう》の運動になるという。

健康法と関連して「自鳴鐘・土圭」＝時計の比喩《ひゆ》が述べられているのは、時間管理の強化という、前にみた風潮と相呼応するものであろうか。「とけいは身の養生、いしや（医者）の薬あてかいとひと（等）し」、なぜなら時計は少々のことでも狂ってしまうが、素人が無理やりなおそうとするとかえって悪くなってしまう。まるで身体の健康維持や薬の投与法と同じだ、というのである。

もっとも時計は、比喩のなかに登場するだけではない。寛文五年（一六六五）、〈養生七ケ条〉の第六番目に「身を遣《つか》う事」（体を動かす事）を挙げたときにも、朱書で「但《ただし》とけいを見るべき事」と書き加えられた。時計は、過度の運動を抑える健康器具としても用いられている。

健康法として、しかし長重が最も重要視するのは節淫、セックスの抑制である。延宝三年（一六七五）、〈養生の詠哥《えいか》（歌）〉として書きとめたのも、実に即物的でわかりやすいものだった。

玉くき（茎）の強くおこ（起）らば房事《ぼうじ》せよおも（想）ひおこ（起）すは短命のたね（種）

天和二年（一六八二）に「病の根元、陰茎の慎《つつしみ》第一なり」というのも同じこと。必要以上の性行為を口をすっぱくして禁止するのは、「婬精」＝精液が、天地から父母を経てわが身に授けられた「至宝」であるという思想に基づく。わが身体は「白骨は父の婬、赤肉は母の婬、母の精気をくらい、四大和合して」人の姿に造形されたというのである。精液はすなわち命の根、命の絆《きずな》であるから「叨《みだり》に一滴も洩《もら》すべからず」、「貪《むさぼ》り求ても貯べき也」。性行為とは、これほど貴重な至宝を蓄えている門の鎖をゆるめるようなもの。したがって「ひぢつぼ（肘壺《ひじつぼ》）のつゝし（慎）み」――戸をしっかり閉めておくことが大切となる。

『思忠志集』にみえる健康哲学の特徴は、それが常に武士としての生き方、武士道と不可分に結びつけられている点だ。節淫のテーマも、そうである。長重は武士の心がけの筆頭に「不姪」＝性の厳重な自己規制を挙げて憚《はばか》らない。

以上のような健康至上主義、もっと穏やかにいえば健康への細やかな配慮は、天野長重のすぐれて個人的な性向だったのだろうか。彼ほど憑《つ》かれてはいないにしても、『思忠志集』にはほかの武士たちの健康法も紹介されている。

阿部備中守が安藤某に教え諭したという心得もその一つ。備中守は、若いころこそ養生に努めなければいけないと教え、自分の体験的健康法を開陳している。それによれば、備中守は若いころから眼、耳、歯の健康に細かく配慮し、能を見物するにも三番とは続けずに眼を休め、強い音は頻繁に聞かぬよう、固い物は食べぬよう心がけた結果、現在でも眼・耳・歯そろって丈夫であるという。

寛文九年四月二十日には、井伊掃部頭直孝《いいかもんのかみなおたか》の逸話も書きとめられている。掃部頭は、料理をおいしく味わうため、食前は城のまわりを徒歩で廻《まわ》り、美食を尽さん（美味を満喫しよう）といっては、何度も城のまわりを歩いたという。過度の美食を抑制し、あわせて足を鍛えるために「歩行の養保」を実行したのである（ちなみに井伊直孝は万治二年、七十歳で没している）。

同様の逸話はほかにも『思忠志集』に載せられているが、とりあえずこの二例からだけでも、当時の武士社会で健康に対する配慮が、一般的な風潮として高まっていた様子がうかがえる。

七十歳以上定年制

健康への関心の高まり、健康維持（養生）のためのさまざまな模索は、日々健康で過すことの結果としての〝老い〟というテーマを導かないではいないだろう。

残念ながら、十七世紀の〝老い〟について統計的な数字を提示する準備はない。もっとも統計的数字が皆無というのではない。たとえば『鸚鵡籠中記』は、元禄十二年、「南部信濃守領分高年の者の覚」として、明確な数字を挙げている。

それによれば、盛岡城主南部《なんぶ》信濃守行信《しなののかみゆきのぶ》の所領だけで、百歳以上三百七人、九十歳以上七百五十一人を数え、最高齢者は百二十七歳であるという。この数字にどれほど信憑性があるか定かでないが、こんな〝統計〟以外にも、当時の日記、記録類をみれば、さまざまな〝老い〟の姿に遭遇する。しかしここではそれら個々の事例はすべて割愛する。ただ、江戸時代においても〝老い〟はことあるごとに形をかえて取りあげられ、当時もまた老人問題が皆無でなかったことを、とりあえず確認しておきたい。

武士たちの生活に注目すれば、役職を退いて隠居が許される年齢は、今日のサラリーマンの退職年齢よりずっと高い。

路上で年賀の挨拶を受ける大身の武士（『十二月のしなさため』国立国会図書館館蔵）

延宝元年（一六七三）の加賀藩の記録によれば、この年二月二十八日、「七十歳以上の諸士の勤番を免除す」と申し渡されている。いいかえれば七十歳に達しなければ、どんなに本人が勤番免除（あるいは退職）を願い出たとしても許されないケースがあったのだろう。事実、そんな例があった。

会津藩では、貞享元年（一六八四）、六十五歳の沼沢伝之丞の出した隠居願いを却下している。理由は、伝之丞がまだ老衰しているようにはみえないこと、そして幕府でも七十歳未満の隠居願いは許されていないからだった。会津藩ではこの件以後、七十歳を超えてから隠居願いを出すことが作法化された（『家世実紀』）。とはいっても誰もがその年齢まで健康で勤務に支障をきたさないというわけにはいかない。

元禄十四年（一七〇一）、やはり六十五歳で隠居を願い出た西郷頼母《たのも》の場合が、そうだった。頼母はいう。先年腫物《はれもの》を煩ってからはしだいに衰えが顕著となり、昨今は「物をも忘れ、耳遠く、言舌起居も不自由」なありさま。加えて眼はかすみ、持病の痔《じ》もいっこうに良くならない。最近では「小便繁《しげ》く御用の長座も成りがたく」、会議などが長びくととてもたまらない。こんな状態ではとうてい満足な御奉公もできませんから、ぜひとも隠居を許していただきたい――。

まだ七十歳未満ということで表立っての願いは許されなかったが、長年藩の重役を勤め功績少なからぬ点が考慮されたのであろう、頼母は無事隠居を許されている。

会津藩の〝七十歳以上定年制〟は、その後も例外的な場合を除いて遵守されたようである。

明和《めいわ》四年（一七六七）、杉田五郎兵衛が病気を理由に辞役を申し出たときも、「未だ年来にも至らず」とて却けられたし、同年、木本九郎左衛門の隠居が許されたのも、彼が七十二歳で規定の年齢に達していたからであった。

六十歳の壁

寛文十年（一六七〇）、五十歳を迎えた長重は、生まれて初めて著しい健康の悪化を体験した。「脾胃弱く肺鬱蒸《うつしょう》のよしにて左の方より支《つかえ》あがり難儀に及ぶ」——病状は当初おもわしくなかったが、鍼灸《しんきゅう》と歩行療法が功を奏して身体は徐々に回復、以後長重は、ます養生に努めようと決心する。このときの大患はまた、長重に六十まで生き続けることのむずかしさを、つくづく実感させた。

今頃て見て、六十歳までいき（生）んは、此方ごときの智恵分別にては中々《なかなか》思ひもよらぬ行作と思へり。今より一とせ（歳）過さんは、あと（以前の）十年より六《むつか》ケ敷《しく》、

大山の節所を越《こえる》がごとくならんかし

長重が仕える幕府では「大様七十歳に満ば御役御免なされ……」（貞享三年〈老武の嗜《たしなみ》〉）と、会津藩が照会したように七十歳が隠居の節目であるから、六十歳に満たずに死んでしまっては奉公も全うできない。

そうでなくても長重は、生きることへの強い愛着を表明していた。寛文八年、四十代後半の長重は、〈惜生の事〉と題して次のように記している。

生得《うまれえ》たる寿命ををし（惜）むは道なり、人理の天命を知るべき也、した（親）しきを先だてんにはなけれども、おもへば身こそおし（惜）くも有哉《かな》

親しい人々に、自分よりさきに死んでくれというのではないけれど、とにかく命が惜しいというのである。一家の長で幕府の模範的な役人で、なによりタテマエとしては命を惜しまぬはずの武士であったことを考えるなら、赤裸々ともいえる吐露ではないか。

六十という年齢は、長重にとって壮年のころから特別な響きをもっていた。

寛文六年二月十七日、長重は「九十歳にて果てられし人、八十三四の節、教て、六十歳

に及ばずば立身の名取りがたしといわるゝ」――かつて八十を超えた老人に、人間は六十になってはじめて立身がかなうと教えられたと回顧している。老人はいった。だから若いときから養生に努めよと。この「聖賢の道知りたる洛外東山《ひがしやま》辺の人」の教えにいたく感激した長重は、次のように自分の見解を補っている。

養生年わかき内より早く心得、能《よく》仕るべき義なり。はたち（二十）より内にくづ（崩）れなば一生のよわ（弱）りと見え候。上戸《じょうご》も弐十より内から呑《の》み出し候はば酒にしかれ候もの多く、はたちより外にて（二十歳を過ぎて）酒呑み出し候ものは、急に酒にていた（傷）み候ものすくなき由《よし》土井堂の古人仰せられ候。脾《ひ》胃のかたまらぬ内に不養生一入《ひとしお》あたるべく候。おっと（夫）卅（三十）、婦女廿（二十）、桃葉《夭》の出る時分祝言、唐の作法至極せり。

二十歳前から酒を飲み出すのもいけなければ、男は三十歳前に結婚生活を送るのもよろしくない。とにかく養生に励んで六十までは生きなければ……。

五十の大患をどうやら通り過ぎた長重は、寛文十二年十一月二十九日払暁《ふつぎょう》、〈己を父母と観念し養生を怠るべからず（わが身を父母と思って養生に努めよ）〉と題す一文を草し、「ふと思い出すは、六十定命とせば、三十歳以後ははや（早）老を煩《わずらう》なり」と書き記した。

――人生なんて所詮《しょせん》、老衰という進行性慢性疾患にむしばまれながら死に向っているようなものさ――という諦観《ていかん》とも少し違う。六十歳を目指して逆算していくと、三十以降はすでに〝老い〟が萌《きざ》しているから、ひとしお養生に努めなければいけない。禍福いずれにしろ六十で人生の花が開くのであれば、中途で挫《ざ》折《せつ》するわけにはいかないというのである。

延宝六年（一六七八）、二年前に御先手鉄炮頭を拝命し、二年後にはいよいよ目指す六十をひかえた長重の〝老い〟は、とても順調だった。長重の張りつめたような充実感は、たとえばこの年に詠んだ歌からもうかがうことができる。

つか（仕）へきて今幾程とおもふにぞ老のつとめのいとま（暇）なきかな〈年老忠節の和哥〉

かくて六十の関門も無事通過し、はや二年が過ぎようとする天和二年（一六八二）の五月二十七日、長重は、今こそ「一大事の身を持《たもつ》べき時節也」と記している。なぜなら、今や自分は天野一族の頂点に立ったからだという。

彼はわが身の秀でた点を箇条書きにして列挙する。第一に、すでに父母より長寿となった（母の享年は知らないが父長信は五十九で没した）。第二に、今回の加増で知行高でも父を超えた。第三、第四は省略する。第五に、無病で六十を越えたことが挙げられている。第六は、十八の歳から現在まで幕府の御番を勤めてきたが、越度《おちど》（失敗）が五つとないこと。第七は、兄弟のなかで自分だけが幕府の役職についていること。そして息子には嫁がいて男子の孫も両名を得たし、娘にも聟《むこ》が。子孫繁昌《はんじょう》の礎もしっかり作られたという。

老いの翳《かげり》

計算どおりの〝老い〟が訪れたのである。貞享元年（一六八四）に「武士は幼少より武士に仕付《しつけ》、年老ても常に武士に成べき事」（〈日々新〉）と書きとめたのも、年老いてなお武士として全うしている自信の表明だろう。しかし順調な状態もいずれは曇る。ことに日々老いてゆく身であれば、なおさらであろう。

同じ年の五月十六日、長重は〈楽老〉という文章を綴《つづ》った。老を楽しむといいながらも、そこには六十をだいぶ過ぎた〝老い〟の心配が否応なく濃い影をおとしている。

自分はまだことあらば馬にまたがり組み討ちだって辞さないつもりだが、「心はやると云《いう》とも、六七年も存命せば、他の人を見るに付《つけ》ても、いい甲斐《かい》なきものに組ふ（伏）せられ、甲斐なく首もとられんずらん」——身体の衰えはおおうべくもない。

　ならばどうするかといえば、「しからば今少しの内也、能《よく》別して養生いたし、武芸 旁《かたがた》にて身をかため、天道の加護有る様になすが忠義也」——幕府への御奉公ももう少しの間だから、よりいっそう養生に努め武芸もほどほどに嗜《たしな》んで身を堅固に保つのが一番。

　老衰の不安は、以後長重をたえず悩まし続ける。貞享三年〈老武の嗜〉として記すのも、「存命居るといふとも、行歩も段々不自由にてぞ有《あら》んずれ、さやうに有ては生がひ（甲《が》斐《い》）もなき武士なれども、死なれざる法は如何《いかん》せん」——歩行もままならぬ凋残《ちょうざん》の姿をさらしながら武士であり続けることの不安であった。

　不安は、健康への配慮をますますエスカレートさせる。同じ年、「我身を主君とも存じ奉り、身を大切にし……」と記したのも、その表れではないか。かつてわが身を父母だと思って養生に努めよと論じた長重の健康至上主義は、ここでさらに絶対的な意義を主張しはじめる。わが身の健康は「主君」と等価であり、したがって健康は、「存じ奉る」という表現が用いられるほど尊重されなければならない。

　それでも老衰は確かな足どりで訪れた。翌貞享四年の夜、長重は、突然、呆我の状態におちいったらしい。この出来事について、『思忠志集』には、「ねふ（眠）くたびれたる時、うはごと（譫言《うわごと》）のやう（様）にものなどいふは、老耄《もう》のごとしと心得べき也」〈老耄は譫言の如《ごと》し》と嘆息のような感慨が記されている。

幼少への眼差し

〝老い〟の自覚から〝老衰〟へ。その過程で、長重はしかし自分の健康にだけ関心を注いでいたわけではない。子供への教誡《きょうかい》や孫のしつけ、家計の監督、奉公人の指導など、今日の言葉でいえば家政とでもいうべき領域で、天野一族の頂点に立つ者として、さまざまな役割を演じなければならなかった。以下、すこし生活的些事《さじ》にわたりすぎ、今日の家庭でもしばしばみかけるようなあまりに日常的な情景かもしれないが、天野家の家政に関する長重の発言を垣間《かいま》見ることにしよう。

長重の〝子育て〟論は明快である。子供というものは「親ゆづり」で、「生付《うまれつき》は直るべきとも存ぜず候」――所詮子供の悪い点は親の遺伝。なのにあまり厳しく叱っては、子供はいやになって「ものかくし」――親に隠しごとをするようになってしまう。とはいえ「三つ子のたましひ百まで通《（つうず）》とは前より能《よく》申し候哉」――幼児の折のしつけが大事。成長してしまってからでは「曲直《くせなおり》かぬる」というのは、今日の一般的な見解と相通じる。

では武士の子はとくにどのようにしつけるべきかといえば、まず「武士の子ども、ことなき時より常に軍場の心せよと教習《おしえなら》はすべし」という。そうはいっても平和が浸透しきったかにみえる当時、再び戦場が現出する可能性はきわめて薄いから、とりあえずは「子供のそだ（育）て、いつわ（偽）りなく武士をす（好）く様にすべし」——偽りを述べず武士の業を好きになるように育てることが大切である。好きこそものの上手なれ。〝武士数寄〟こそ、理想の武士になるための条件であり、ひいてはそのように育てることが、武士としての幼児教育の要諦《ようてい》だというのである。

長重は、一族や家来の子供たちに、しばしば語りかけ、直接彼らを教え諭した。たとえば延宝八年にも、「幼少の家僕」、まだ幼い家来の者に次のように話している。

汝元来人なり、畜生のまね（真似）すべからず、日毎に鏡を見よ、うつくしき顔にてぞ有るやらん、穴賢《あなかしこ》〳〵、鑑《かがみ》のうら（裏）を見べからず、人は心なり、其心と云ものいたづかわしく成行《なりゆく》は皆欲心なり、よほど邪欲さるべきかんばせ（顔）なる哉と一段のことよ、折角《せっかく》（努力して）心のさび（銹）をみが（磨）くべき者《もの》也。

今の邪心のない美しい顔容《かんばせ》を欲心で曇らせてはいけない。少年は「鑑の裏」を見てはいけない、ことさら物事の裏面をうかがってはいけないと教えるのである。

長重は明朗で活発な子をことのほか愛した。家来の新鎧弥一右衛門の子重之助に天野の姓を名乗らせたのも、重之助の印象がよかったためである。

重之助が九歳の折、長重が通ると怖れて逃げ去る子供が多いなかで、彼だけが駆け寄ってきた。名を尋ねると、幼名であろう、「千吉」と澱《よど》みなく高々と答えたのを、長重は「健気《けなげ》なり」と嘆賞している。

子供に直接語りかけるばかりでなく、親たちにも子育の要諦を説き聞かせた。家来の一人宮城源左衛門にも、まず「汝も人の子也」といい含めてから、子供、なかんずく武士の子供の育て方を説いている（貞享五年〈子育様の訓〉）。

幼少より近所に寝起させぬれば、わがまゝなる事をかれ（彼）知らず、せいたけ（背丈）の（伸）びても、大形其通《おおかたそのとおり》にて暮す
子供は親の手元で育てよ。父母と離れて育つと行末が心もとない。成長を遂げるまではなるべく親の近くに置くのが望ましい。「昼夜親の近所を離れざる事」が、子供にとって「第一の慈悲」であるという。

長重の〝老い〟の時間は、また一族の幼児少年たちの成長を見守る時間、いいかえれば、一族一家の将来に対して年長者としての細かい眼差しを注ぎ続ける時間でもあった。

女と妻

少年たちに対してみせた細やかな配慮は、当然のことながら、家族の者たちにも向けられた。とりわけ妻に対する長重の思いやりは、なかなかのものである。

とはいえ女性一般に対する長重の評価は、かなり厳しい。なによりも女性は〝至宝〟である「淫精」を浪費させる元凶であり、健康の大敵である。女性の害悪視は、寛文八年(一六六八)に記した〈女文字四十五妨〉にも露骨に表明されている。すなわち、「妐ネタム」「妖バケモノ」「奻ウタガフ、アラソフ」「姘イッハル」「姍ミニクシ、ソシル」……女偏のつく四十五の文字を列挙して、ことさらに〝女〟の負なる価値を強調するのだった。

女性は日常生活においても、整理能力を欠いているという。長重によれば、常日ごろから時間的空間的「隙(ゆとり)」を準備して、いざというとき即座に対応できるようにしておくのが「能武士《よき》」、つまり理想的な人間であったが、女性はこの完全な対極にある。

女姓(性)の躰《てい》を見るに、上つら利根《りこん》(利口)なるもあれども万《よろず》を取ちらし、其物を某々に方(片)付るは稀にして、能人と思ふもの丶方(片)付るさへ、取置を見れば、ごみす丶を集るごとく一つ箱へ入、用の時は尋求れども見えず(中略)兼《かね》ての覚悟方

に薄ふして、事ある時にぞ引当り迷惑すると見へたり（寛文十二年〈一六七二〉）

こんな長重でも、妻については女性の異なる面をみている。とりわけ老衰の兆しが顕著になり始めると、その傾向が強くなったようである。貞享五年七月五日、〈妻女を恵む志〉と題して次のように記している。

今になって見ると、女性というものは一見鬼のような女性でも根は優しく、ときに嫉《しっ》妬《と》に駆られて腹を立てることもあるが、とどのつまりは夫を頼りにしている。妻が煩って夫に先立ってしまうのも、たいていの場合、夫が「うと（疎）〳〵しい」から、妻に対する情愛が足りないからである――。

この年の二月、老いを重ねる不安からなにかと感じやすくなっていたためかもしれない、妻のちょっとした心づかいがきっかけで、涙をこぼしてしまう場面があった。

この日、夕飯に雉子《きじ》を食べたあとで御番に出勤しようとすると、妻が「蕎麦湯《そば》を用ひ寒を防げかし」――蕎麦湯でも召して寒さをしのいでくださいといった。折しも腹もすき加減だったので用意するよう申し付けると、妻はふと思い出したように、「失念《しつねん》せり、雉子給《たべ》たる已後、蕎麦を給ぬれば風を導と承る間、御無用」——雉子を食べてから蕎麦を食べると風邪をひきやすいと申しますからやっぱりお止めなさりませ、といって蕎麦湯を思いとどまらせた。

すると長重は、「扨々と身にしむ心地して泪《なみだ》を流し、蕎麦を給度《たべたき》心も止……」——思わず涙をもらしてしまったのである（〈我孝に依て泪を流す〉）。

家政の眼

息子たちにも母へ孝行を尽くすよう、繰り返し説き聞かせた。

此母年老たり、心をつく（尽）しせつかく（折角＝できるだけ）なぐさむべし、手足影のあたりたる方へも孝を忘べからず、まして汝等顔色につけても、にう（柔）和なるてい（体）を見せらるべし（中略）孝行せよ〳〵。孝行せざれば汝等が五躰つゞ（続）くべからず。（天和二年〈家門繁栄〉）

お母さんももう年だから、いつも柔和な顔をみせ、決して悲しませないように——。

この少し前に下の娘が早逝したこともあって、一人残った姉娘（大関増公室）には、再び母親に同じ悲しみを味わわせないようとりわけ懇々と諭している。

此度妹相果《あいはて》たるより御母公年老てのなげ（歎）き見るめもいたはしく、せんかたなく候、是をおもふに、もはやひとり娘なれば、御袋《おふくろ》の心女性故に一入《ひとしお》大切にてぞあらんずれ……。

〝老い〟をともに過ごす妻を、夫として精一杯いたわる姿が彷彿《ほうふつ》とする。これに較べて息子たちとの関係は、老父と息子の間がいつの時代もそうであるように、どこか歯車が合わないところがあった。

すでに五十歳のころから「大形親《おおかたおや》は子を見たく思ひ、子は親を嫌ふ、是も凡人の癖大抵也」と、父子の感情のすれ違いはわかってはいた。わかってはいても、長重としては自分の希望通りにならない息子や家来たちにいらだつことがたびたびである。

『思忠志集』のことも歎きの種の一つだった。長重は息子や家来のおもだった者たちに、記録に残しておいた方がよいことがあれば積極的に『思忠志集』に載せ、天野家子々孫々の亀鑑《きかん》とするよう申し付けていた。

ところが「然《しかれ》ども一筆も子の書たるをいま（未）だ聞かず、かな（悲）しきかなや、孝たる道あらば我に成替《なりかわり》て書くべき儀やと思へり……」――息子たちはいっこうに筆を染めようとしない。家来たちだって同じこと。延宝二年（一六七四）十二月、長重が誰も自分の意を汲《く》んでくれないとこぼすのを聞いた家来の一人瀬兵衛は、では自分が書きましょうと申し出たが、それっきり延宝五年の二月になっても稿を寄せない。待ちかねて問いただすと、まだ下書の状態なので清書してからお持ちしますと〝逃げ〟をうつばかりだった。

若い者たちから煙たがられながら、それでも長重は、家政全般にわたって重要な役割を果たしている。奉公人の怠慢は厳しく叱りつけたし、たとえば客人に茶菓子を供するとき、同じ図柄の盆を数多く揃えてあるにもかかわらず異なる盆で出したというような日常の些細な「不調法」にも細かい注意を怠らない（延宝五年）。

家計のやりくりについて用人たちに指示を与えるのはいわずもがな。後継ぎの長頼《ながより》が十分に家政を監督できないこともあって、長重の眼は、もっと微細なことにも注がれた。

延宝八年十二月二十日、長重の〝家政の眼〟は、味噌《みそ》の作り方にまで及んでいる。長重はいう。――当家の味噌は四季それぞれ異なる塩加減で作ることになっている。塩にもよく効くのと効かないのがあって、こうした点にも細かい注意が必要である。また糀《こうじ》に塩をまぜると鼠の糞が多く見えるから、従来、大勢で糞を一つ残らず取り去ることになっていた。ところが最近は長三（長三郎長頼）が甘くみられているのか、奉公人たちは鼠の糞を取り除こうとさえしない。寒中は、従来〝寒の味噌〟といって色付き味噌と白味噌をまぜて調整してきたが、「今の味噌は塩辛《からく》て散々《さんざん》にて候」。味噌だけじゃない。馬の「沓」(沓《くつ》か)も沢山こしらえて池に漬けてから干して厩《うまや》にかけておくはずなのに、その兆しもみえない――。長重は以上のような現状を指摘したうえ、こんな事態を招いたのは、担当者が交替するたびに十分な引きつぎがなされていないからで、以後は「正月は何を仕《つかまつる》事と毎月書印(記)、極月《ごくげつ》(十二月)まで書候て……」――年間作業予定表を作成し、それに従って家政を運営するよう指導するのだった。

八十五歳の円寂

長重の〝老い〟は、元禄二年(一六八九)五月三日、栄えある形で報われた。この日大君(将軍綱吉)の御座間に召された長重は、「汝日来《ひごろ》の勤真実にして裏表なき旨高聞に達す、因て役を移し鑓奉行に補す」――長年の精勤ぶりを賞せられ鑓《やり》奉行を拝命するのである。御前を退いてからも、謝辞を述べにいった老中大久保忠朝から、「戦場に於て働の功ある者、今御旗本に吾子(貴殿)一人のみ」と称《たた》えられた。ここでいう戦場とは島原《しまばら》の乱(一六三七〜三八)のことで、この戦に参加した旗本のなかで生き残っているのは、今や貴方お一人だけだという意味である。

長重自身の回顧談によれば、彼は六、七歳のとき東福門院附を拝命した父に従って京都に上り、十五、六のとき、折から島原の乱鎮圧のため大坂から船出しようとしていた松平信綱《のぶつな》の軍に身を投じている。

松平信綱は長重の母方の叔父《おじ》にあたり、そうした縁故もあって参加が許されたらしいが、当時長信は職務繁忙で手がはなせず、長重を信綱の船中に伴って取り持ったのは、武士出身の文人として著名な石川丈山《いしかわじょうざん》(一五八三〜一六七二)だった。信綱に対面すると、信綱は長重の顔をみて、「深入して敵の擒《とりこ》となるなよ」と戒めたという。

さて戦地では、島原城本丸攻めの折に石垣の下にいて敵が投じた石に当たるという〝出来事〟はあったが、ほかにとりたてて武勲というほどのものはなにもなかったらしい。

とはいえそれから半世紀を経た時点、元禄二年になって、島原での〝出来事〟が名誉ある武勲として光彩を放つことになったのである。

させる(たいした)働もなき身なるに生残り居て、御旗本の儀は扨置《さておき》、勇ある輩の耳へ周《あまね》く聞へたる高名哉《かな》と、或時は片腹いたく……

「片腹いたい」——気恥かしいという述懐は長重の本心だろう。それは〝老い〟によって、生き残ることによってはじめて得た栄光であった。

〝老い〟の華、立身が果たされた日から二ヵ月余りがたった七月五日の夕、嗣子長頼が四十八の歳で父に先立ってこの世を去った。

息子の健康は、以前から長重の心配の種だった。延宝八年（一六八〇）に長頼が病に臥《ふ》したときも、長重は「一入《ひとしお》死ぬべき歟《か》とうたてく繰返し思ふ」――もう自分は助からないと繰り言を述べる息子を励まして回復させたし、天和二年（一六八二）には、来年四十二歳の厄年を迎えようとする長頼に、これからは毎年厄年だと思って養生に努めるよう申し聞かせている（〈四十一歳の人へ申口上〉）。そんな長年の心配が、とうとう現実となったのである。

人生の悲喜を相ついで経験した長重は、後日、その感慨を左のように記している。

悲しきかなや、間もなく孟秋（七月）四日の暮より嫡子煩ひ付、五日の夕死去せり、勝れたる吉ありてすぐれたる凶有《あり》、此後ともいかばかりすぐ（勝）るゝと云に、時に至り幾許《いくばく》万人に勝れたるぞや

吉事は凶事と背中合わせであり、どんな吉事も時とともに色褪《いろあ》せてしまう。老境に達す

ることによって得た立身＝吉事は、老境に至ったがゆえに直面しなければならない悲哀＝凶事によって曇らされる。

こんな人生の諦念を長重は身をもって味わい、『思忠志集』の序文を草した儒者人見《ひとみ》竹《ちく》洞《どう》（一六二八〜九六）は、長重の感慨に「天哉《てんなるかな》、命哉《めいなるかな》」と書き添えるのだった。

宝永二年（一七〇五）十二月十二日、天野弥五右衛門長重永逝。享年八十五、法名天長、遺体は浅草の長敬寺に埋葬された。

一族の少年たちにくれぐれも殉死など考えぬように諭し、息《そく》政武に「非業の死なきよう」に教え、死ぬことが御奉公ではない旨を繰り返し述べ、「武士の本は息災也」と断言した長重の一生は、ここに終る。

長重の説く生活規範は、生＝健康を中心に据え、ひいては〝老い〟の価値を見いだし主張しようとするものだった。それは常に〝死〟を思考の中心に置き極限的状況のなかで美意識を研ぎ澄まそうとする武士道とは、明らかに異なっている。にもかかわらず彼は自分のいうことこそ武士の作法、武士道であると主張したのである。

美意識としての武士道は、後世にも鮮やかに回顧され、そのつど眩《まばゆ》いばかりの煌《きらめ》きを放つことになるが、長重の武士道、〝武士道とは長生きすることと見つけたり〟と唱える武士道が同じように美化され荘厳化された例はなく、今後とも多分ないだろう。

ところで武士社会が日々戦場の空気から遠ざかりつつあった十七世紀後半の時代には、『御日記』や『思忠志集』、あるいは『武士としては』にみたような作法や生活意識の方が、むしろ当時の武士社会の等身大の姿を反映し、その意味で武士道の主流ではなかったか。そしてこれら平和のなかで萌《めば》えた新たな作法、生活意識は、狭義の武士道の枠を超え、社会全体の作法や生活意識の風潮に流れ込み、その結果、また新たな生活作法を形づくる可能性を孕《はら》んでいた。

そんな歴史的見通しを立てるとき、生活の武士道、街角の武士道は、審美的で死と親しく語らう武士道にもまして、歴史のなかで新たに輝きはじめるに違いない。

増補「『守山日記』にみる〝かぶき〟終焉の時代像（抄）」

『江戸藩邸物語』は、一九八八年六月に中公新書の一冊として刊行された。当時三十三歳だった著者の処女作である。

原稿は書き下ろしだったが、ゼロから書き始めたわけではない。主要な部分は、江戸文化の研究で知られる西山松之助先生の古稀記念論集『江戸の芸能と文化』（一九八五年刊吉川弘文館）収録の論文「『守山日記』にみる〝かぶき〟終焉の時代像」をふくらませたものである。

その論文は「問題と対象」「勤務態度をめぐる作法」「衣装と身ぶりの作法化」「挨拶作法と公儀」「浪人と駈込みに対する作法」「『ハレ』作法の形成」そして「むすびにかえて」で構成され、冒頭で論文のテーマを次のように述べている。

「十七世紀前半が近世社会の黎明期《れいめい》であったとするならば、後半は、様々な面で近世社会が形を整えていった時期であるといえよう。幕藩制という、政治・経済・文化に通底する新しい時代の展開は、日常的な側面、たとえば人々の振舞《ふるまい》や作法の面にも確実に影響していったはずである」

政治と経済そして社会の風潮まで。十七世紀後半（寛文から元禄）の日本の大きな変化は、日常的な作法や身振り、礼法にも影響を及ぼし、戦国の血なまぐさい気風は武士の間でも払拭《ふっしょく》され、泰平の世が到来する。注目したのは、政治経済の大きな流れではなく、むしろ日常の細々とした変化だった。

こうして平和（泰平は同時に閉塞化の進行でもあったが）は訪れた――。それを跡づける手法は、ブレスラウ（現ポーランド。ヴロツワフ）出身のユダヤ系ドイツ人の社会学者・哲学者ノルベルト・エリアスの『文明化の過程―ヨーロッパ上流階層の風俗の変遷―』（赤井慧爾・中村元保・吉田正勝訳　法政大学出版局）に学ぶところが多かった。

「ノルベルト・エリアスによれば、礼儀作法書の刊行や食卓作法の整備は、社会の『文明化』の過程を跡づける顕著な指標であるとされる。すなわち、社会が複雑になればなるほど人間関係の網の目が細かくなり、おのずから人々の日常的な振舞に自己抑制が要請されるようになってくるというのである。振舞の自己抑制やそれに伴う作法の形成が、はたして『文明化』の指標となる無意識な移行であったかどうかはともかくとしても、作法や振舞への注目が、社会の構造的変化をたどる有効な方法であるという観点は、きわめて示唆的である」

このような観点にうながされながら、「十七世紀後半における作法形成の一端を検討」するのが論文の内容であり、それによって、なにを目指しているのかについて、こう述べている。

「近世初期を特色づける『かぶき』という放埒《ほうらつ》な自己主張の風潮が、様々な抑制（作法化）を加えられることによって鎮静し、かわって、すぐれて自己抑制の強い社会が形成されていく過程を、具体的に照らし出そうとする試みに他ならない」

それにしても、十七世紀後半という時代にぴったり当てはまる『守山御日記』（論文では『守山日記』と表記）という魅力的な史料に出会えたことは幸運だった。『守山御日記』との馴《な》れ初めは……。そもそも私はこのような論文（そしてこのような本）を書こうと思って『守山御日記』に注目したわけではない。江戸時代の地方都市や村々における芸能興行の記録を求めて全国を行脚していたとき、たまたま水戸の茨城県立歴史館で『守山御日記』全百七十五冊の撮影史料に遭遇した。うち何冊かめくっていくうちに、その多彩な芸能記録に惹《ひ》きつけられ、入念に読み始めたのである。

撮影史料というのは、原本は東北大学の狩野《かのう》文庫が所蔵していたからで、守山藩が水戸藩の支藩であるという理由で、茨城県立歴史館でその複製物が作成され、閲覧者に公開されていた。

現在の東京都文京区大塚の地にあった守山藩邸内でどのような芸能が催され、それが十七世紀後半の自己抑制の風潮とどのように結びつくのか。芸能史研究にとって貴重な事例でありながら、守山藩邸の芸能記録は『江戸藩邸物語』には収録されなかった。紙幅の関係だけでなく、「戦場から街角へ」というテーマに、芸能記録は縁が薄いと考えたからである。

しかしいま読み返すと、そこには重要な論点が含まれていて、テーマと縁が薄いという理由でむげに切り捨てがたい。芸能記録の個々の事例については、安田富貴子氏の論文『守山御日記』にみる芸能―浄瑠璃操りを中心に―」(『橘女子大学研究紀要』十四〈一九八七年〉所収。のち同著『古浄瑠璃―太夫の受領とその時代―』〈一九九八年〉に収録）で詳細な考証がなされているのでそれをご覧いただくこととして、歴史学者としての私の見解を示した「『ハレ』作法の形成」の章を掲載して、本書の「増補」としたい。

以下は、「『守山日記』にみる〝かぶき〟終焉の時代像」の第六章「『ハレ』作法の形成」の抄録である。基本的構成は原文通りだが、文章は読者に理解しやすいように改め、語句の意味や引用箇所の意訳等を適宜補足した。

芸能、祭礼等ハレなる行事についても、一定の方向性を帯びた作法の形成が指摘できる。まず目に触れるのは、座頭《ざとう》・瞽女《ごぜ》らに対する屋敷（守山藩邸）側の応対である。

寛文六年（一六六六）六月二十日、若君誕生の祝儀の折、守山屋敷では従来通り座頭・瞽女ら（盲人）に「御祝」を下賜《かし》するが、この際、個別に与えるのではなく、松井《まつい》勾当《こうとう》（注・勾当は当道《とうどう》と呼ばれた盲人社会の官位の一つで、検校《けんぎょう》、別当の下、座頭の上）方へ金二両をまとめて渡す方式に改めた。加えて「御屋敷え不参様《まいらざるよう》可仕由」（藩邸に盲人たちが直接祝儀をねだりに来てはならない）と申し添えた。座頭・瞽女らが個別に来訪する慣習を排除しようとしたのである。

しかしこの慣習は容易には払拭されなかったらしい。元禄四年（一六九一）八月二十三日、姫君誕生の折にも、座頭・瞽女らが祝儀を求めて門前に集まってきた。屋敷側ではこの件について、早速長谷川《はせがわ》検校（注・検校は当道の最高位）方へ問い合わせたところ、検校側の回答は、「兎《と》角此度《かくこのたび》は不被下《くだされず》候ハ、罷成間敷《まかりなるまじく》候」（このたびは祝儀を下されないと座頭や瞽女たちはおさまらないでしょう）というものだった。このため屋敷側は、長谷川方へ一両二分を下賜するが、そのかわり「此《これ》以後御祝儀有之節、此方御屋敷え不参《まいらず》、長谷川方迄《まで》申出、長谷川より御屋敷え相願候様可仕」（今後は当屋敷で祝い事があっても座頭や瞽女は当屋敷に来て祝儀をねだってはならない。長谷川検校方へ申し出、長谷川から祝儀を願うように）と再度申し含めている。

排除の論理は、民俗的なハレの行事にも及んだ。新年を祝う民俗行事である「水あびせ」（注・水祝いとも。婚礼の際や翌年の正月に新郎に水を浴びせて祝う婚姻習俗でもあるが、若者たちの乱暴な行為に発展することも）は、寛文七年十月二十九日の申し達しに「例年之通、為水浴《みずあびせ》御停止《ちょうじ》」とあるように守山藩邸では禁止されていたが、その排除は容易でなかった。

寛文八年正月には、こともあろうに「大学様」（のちの二代藩主頼貞）が見物したいと希望したため「為水浴」が催されている。藩邸ではこの事実を重大視し、以後はたとえ大学様の命といえども水あびせを催さないよう申し渡すとともに、頭取の者（水あびせの首謀者）が武士ならば切腹に処すと定めている。

盆中の行事に対しても規制が加わる。寛文九年七月、「盆中御家中《ごかちゅう》之面々、花火を立、相撲を取」ことが禁止され、天和二年（一六八二）には、午後四時過ぎに藩邸の玄関前を下女も加わった盆踊りの集団が通りに過ぎたこと（「七ツ過御玄関前ヲ盆之踊子大勢、下女も付候て通候」）が咎《とが》められ、関係者が重大な過失を犯したとして叱責された。

さらに元禄三年（一六九〇）七月には、盆中に家内で燈籠《とうろう》を供えてはならない。もちろん子供が燈籠を供えることも（「盆之内家内燈籠候事無用、尤子共燈籠申事」）と、盆燈籠が禁止されている。これは防火対策でもあった。

習俗的な行事の排除としては次のような例も。貞享元年（一六八四）十二月二十二日、藩邸では、「御煤《すす》取」が予定されていたが、それにつき「とうつき申候ハヽ、被突《つかれ》候者、其通突候者を書附指上候様」と申し渡された。「とうつき」は「胴突き」で、年末の煤払いに祝儀として行われる胴上げのこと。右は、もし胴突きが行われたら、たとえそれが慣習であったとしても、胴上げをした者たちの名を書き上げて報告せよというのである。報告された者たちが処罰されるのはいうまでもない。

習俗の排除は、守山藩の場合、本家水戸藩の作法にしたがって作法化される場合もあった。たとえば元禄二年（一六八九）正月十四日、守山藩邸から小石川の水戸藩邸に対して、「鬼打木《おにうちぎ》（注・小正月前日の正月十四日を年越しとして祝い、門に立てる木）削掛等之儀」について問合わせ、水戸藩邸からの回答にしたがって、「大豆打」は行うが「御高盛」は廃止することが作法化されている。

＊

慣習行事より規模の大きい祭礼や芸能上演などのハレ行事については、さらに顕著な規制が行われた。

寛文九年（一六六九）九月十五日、「神田明神《かんだみようじん》祭礼に付、明六ッ時より八ッ半迄御門札留申合候」（午前六時から午後三時まで藩邸の門の通行禁止）と達せられたのは、祭礼の折に藩邸の門が閉ざされたことを示している。

興行が打たれる場合も同様である。貞享二年（一六八五）三月六日、「氷川《ひかわ》明神下にて明日より説経《せつきよう》操《あやつり》有之候に付、縦為《たとえ》子共共、手形なし御門近所え指出間敷由、御門番所申合候」とあるのがその一例。氷川明神下で明日から説経（注・古浄瑠璃の一種）の人形操り芝居が興行されるので、たとえ子供でも手形なしに門外に出さぬよう門番所で申合わせたというのだ。

これらの例が示すように、祭礼・興行のハレ行事が近辺で催される際に、守山藩は門の出入りを制限することで、市井のハレ空間と家中を絶縁しようとはかっているのである。

この志向は、天和三年（一六八三）十二月、表1のような規定が作られることによって作法化されている。

さらに元禄十三年（一七〇〇）正月十六日には、年齢や干支《えと》でその年の吉凶を占う者が、堺町《さかいちよう》や木挽町《こびきちよう》の歌舞伎の番付を屋敷内に持ち込むのを禁止し、門番に番付を持参した者

表1　祭礼と門止（出入り禁止）の時間帯

浅草三社権現祭礼	三月十八日	朝六つ～七つ （午前六時から午後四時）
（駒込）富士浅間社参詣	五月晦日	朝六つ～翌日七つ （午前六時から翌日午後四時）
日吉山王権現祭礼	六月十五日	朝六つ～七つ （午前六時から午後四時）
神田明神祭礼	九月十五日	朝六つ～七つ（同　上）
白山権現祭礼	九月二十一日	朝六つ～七つ（同　上）

は屋敷内に入れぬよう申渡している（「年八卦商売之者、堺町・木挽町之狂言番附持参、御屋敷中を呼廻り申、重て番附売参候は、御門番内え入申間敷」）。これも芝居町（堺町・木挽町）という市井の〝悪場所〟と屋敷内（家中）を遮断しようとするものに他ならない。

＊

以上のように祭礼や芸能興行が「門」という境界線で遮断される一方で、われわれは『守山日記』の中に、数多《あまた》の芸能上演記録を見《み》出《いだ》すだろう。屋敷の中、すなわち「門」の内では、しばしば操り（操り人形浄瑠璃）や歌舞伎狂言が上演された。

表2はこの上演の様子を概観したものである。上演の名目は大きく二つに分類される。「御馳走《ごちそう》」（a）が来客に対するもてなしという性格が強いのに対し、「御慰《おなぐさみ》」（b）は主として奥方・姫君たちの観覧に供されるものであった。演目は役者、上演形式ともに多彩であり、氷川明神で興行していた説

経座を雇い入れて上演する場合もあれば、芝居町から三座の一つである森田座《もりた》を、二十二両余の代金で招いて歌舞伎を上演させた例もみられる。祝儀の折に来訪を斥《しりぞ》けられた座頭らも、彼らが「独《ひとり》狂言」（注・一人芝居）や「浄瑠璃」「小哥《こうた》」などの芸を持つ場合は、藩主・御台所《みだいどころ》（奥方）ほか貴顕の前で芸を演じ、金品を頂戴できたのである。

では、これら屋敷内における芸能上演は、これまで述べてきた作法とどのような関係があるのだろうか。表2からまず指摘できるのは、藩邸内の上演の儀礼性である。

五十四例中、最も多く登場する「来客」は松林院《しょういんりん》（注・元禄六年から寛保《かんぽう》三年〈一六九三―一七四三〉まで藩主だった松平頼貞の生母）であり、以下、守山藩主の親類縁者の来訪に対するもてなしとして芸能が上演された例が多い。たとえば3に見える蜂須賀飛騨守（隆重《たかしげ》）は、女《むすめ》が頼貞の室に迎えられており、10の相馬弾正少弼《だんじょうしょうひつ》（昌胤《まさたね》）は、頼元の女子（頼貞姉）の嫁ぎ先、12の本多中務《ほんだなかつかさ》（忠国《ただくに》）は本多家に養子に入った頼貞の弟である。

＊

これら、いわば貴顕に属する人々が観覧するあい間に、しばしば貴顕以外の人々にも観覧の機会が与えられている事実に注目しなければならない。その機会は「家中《かちゅう》妻子」（8・13・14・39）のように藩邸に勤務する家臣たちの妻や子どもを中心に与えられる場合もあれば、「家中不残《のこらず》」（5）や「家中」（38）というように家中（家臣。藩士だけでなく中《ちゅう》

表2

No.	名目	年月日	来客	芸能
1	a	寛文12年8.11	酒井河内守奥方	(説経太夫)天満石見
2	a	延宝2年2.25	小笠原備後守奥方	放下師
3	a	5.8	蜂須賀飛騨守奥方	(狂言師)遊男三郎兵衛
4	a	貞享元年5.13	随松院・同息女	(説経太夫)江戸孫四郎
5		2年3.17	家中不残	氷川操
6	b	同　日	姫様	
7	a	4.22	小笠原遠江守奥方	(氷川の説経)東太夫
8	a	4.23	小笠原遠江守家中妻子	日向太夫・狂言役者
9	a	5.3	英勝寺	(氷川の説経)東太夫
10	a	3年閏3.4	相馬弾正少弼奥方ほか	(説経操太夫)東新四郎
11	a	12.12	松平壱岐守	(役者)島谷吉兵衛ほか
12	b	元禄2年9.27	本多中務大輔奥方・息女	(説経語)権太郎・狂言役者
13	a	4年3.27	お菊殿・家中妻子不残	浄瑠璃太夫・説経・狂言
14	ab	4.5	英勝寺・家中妻子	同　上
15	a	5年10.2	英勝寺	(説経太夫)東新四郎ほか
16		10.3	同　上	
17	b	6年9.23		(浄瑠璃)土佐太夫 (放下師)塩屋長次郎ほか
18		10.21	松林院・姫様方	浄瑠璃
19	a	7年2.12	桜田・お品殿	(浄瑠璃太夫)和泉太夫
20	b	9.3	松林院・両姫様	(独狂言)座頭
21	a	8年3.14	英勝院	狂言・(躍)弥之助
22	a	5.14	松林院・姫様方	(浄瑠璃小哥)正都・色都
23	a	9年6.21	小川町様・お初殿・松林院	(浄瑠璃)和泉太夫・狂言・操
24	b	10年3.23	松林院・お久米殿	(狂言太夫)喜八郎
25	a	8.9	(生身霊祝儀)松林院	土佐太夫・操
26	a	11年8.4	松林院・小河(川)町様	狂言師・(太夫)谷島泉
27	b	9.25		狂言師
28	b	12年5.8	松林院	狂言
29	b	閏9.6	小川町様・松林院	(太夫)谷島主水・狂言
30	b	10.23		(役者)次郎左衛門 (浄瑠璃語)庄助ほか
31	a	11.14		同　上
32	a	13年3.8	護国寺・医王院・観喜院	庄助・(三味線弾)小野都・(水菓子屋)喜兵衛・浄瑠璃・踊狂言
33		4.18	番頭・小姓頭衆	操
34	b	7.26	本多中務大輔・旗本衆	踊子
35	a	14年2.21	小川町様・お初殿・松平内匠頭奥方	小山次郎三郎・操
36	a	5.22	松平出雲守・中条左京ほか	(役者)中村長兵衛
37	b	6.4	相馬弾正少弼	(狂言太夫)森田勘弥一座

№.	名目	年月日	来客	芸能
38	b	9.7	松林院・家中	
39		10.2	家中妻子	
40	a	10.4	狩野梅雲・同柳伯	操
41	a	11.9	松平内匠頭・同人奥方	操
42	a	11.18	内藤豊前守・織田能登守ほか	操
43	b	11.25	小笠原右近将監・同遠江守ほか	
44	a	15年1.5	松林院	(独狂言)田中喜左衛門ほか
45	b	2.21	諸士中不残小遣まで	
46		3.9	宰相・少将・能登守・筑後守	操
47		3.25	小笠原右近将監・同遠江守ほか	操
48	b	5.11	三浦監物・小出主計ほか	操
49	b	5.13	松林院・御奥様・小川町様	
50	a	5.21	松平摂津守・内藤豊前守ほか	操
51	a	7.11	松林院・松平内匠頭奥方	(太夫)竹田近江ほか・からくり
52		閏8.8	松林院・相馬弾正少弼奥方	操
53		閏8.26	松林院	
54		9.13	(御月見に付)	操

(注) a→御馳走　b→御慰

間小《げんこ》者《もの》が含まれていたかは不明）全体に見物を許される場合もあった。それは元禄十五年（一七〇二）二月二十一日のケース（45）がとりわけ顕著だった。

今日御内証《ごないしょう》御慰物　四過《よつすぎ》（午前十時過ぎ）初中候　依之諸士中不残・御足軽不残・御門番過番・会所御中間小頭・御廏《うまや》方小頭・手代部屋頭・小道具之部屋頭・御駕籠《おかご》之部屋頭・御末之者・押之《おさえの》者《もの》・小遣迄《こづかいまで》拝見被仰付《おおせつけられ》候

諸士（藩士）から小遣まで、藩邸で奉公する多くの者に「御慰物」（おそらく人形操りや歌舞伎狂言が上演されたのであろう）の見物が許されたのである。

このような許容は、先に見た絶縁と排除の作法と相反する。すなわち芸能や祭礼は「門」によって遮断される一方で、門「内」において、儀礼的饗宴《きようえん》(慰み)の一環として開放されているのである。

それによって、家中諸士以下の芸能や祭礼に対する欲求は、管理された門「内」の空間で、はけ口を与えられることになる。ここでは他藩の者や市井の〝かぶき者〟とのいさかいが生じるおそれはなく、藩主や重役を憚《はばか》って常軌を逸した狂騒や狂態が発生する危険もないであろう。したがって、藩邸内でしばしば人形操りや歌舞伎狂言が上演されたとしても、それは〝かぶき〟の時代のような、異風で逸脱的な風潮の結果ではなく、むしろそのような風潮を鎮静させていく機能を果たしていたとも考えられる。『守山日記』に記録された芸能上演は、〝かぶき〟的風潮の排除という基本的な志向性において、同時代のさまざまな作法と基調を共有するものだったといえそうである。

そして「むすびにかえて」。論文の内容が次のように要約されている。

以上『守山日記』という特定の世界(史料)に焦点をしぼって、作法の形成という視覚から、寛文~元禄期(十七世紀後半)における〝かぶき〟終焉の時代像に光をあてようと試みた。【中略】一つは、「皆勤御定」に代表されるような日常的精勤性の重視であり、

勤務を終えて（『江戸名所記』国立公文書館蔵）

「怠惰」や「我意《がい》」は排され、かわって「時」が、管理される対象としても管理する手段としても重要性をましてくる。それは戦《いくさ》という非日常的な時空に奉公の重点を置いていた戦国的作法、およびその余熱の中で培養された〃かぶき〃的風潮を、日常的な抑制によって改変させていくのである。

第二に、〃かぶき〃的華美（目立ち）の排除が、「不目立様《めだたざるよう》」という主題の反復によって方向づけられたことである。それは衣装の生地や柄から色におよび、さらに化粧や身体表現にまで要求されていく。

他者との関係表現、具体的には挨拶・応対の作法に注目するとき、新たな風潮は、より顕著に看取された。ごく身近には傍輩《ほうばい》（同僚）間の敬称（「様付」など）の作法化に始まり、他家との紛争の回避、門内への「進入」をめぐる対公儀（幕府役人に対する）挨拶の作法など、この時期のさまざまな現象は、大局的に見るならば、他者との関係がより複雑化、細密化することに伴う自己抑制の強化と評価できるだろう。

駆け込み人の受け入れ作法において、駆け込み人を囲う（屋敷内に入れて保護する）という「侍之作法」は、基本的に保たれながら、しだいに（駆け込み人の引き渡しを求める）先方の事情を配慮するようになるのも、諸大名と旗本の屋敷が江戸という限られた空間の中で、家格・役職・縁戚・地縁等さまざまな要素の複合によって相互の関係を重層化していたためと思われる。

このような状況は、『守山日記』の後半に顕著に見られる公儀権力の拡張という要素が加わることで、さらに複雑化（細密化）した。公儀（幕府）の存在が忌避の対象として大きくなればなるほど、他者（他家）との関係の網の目を破る行為は、自らの存続を危うくすることにつながり、おのずから自己抑制が細やかになるからである。

日常的精勤性、集団埋没的画一化、対他的自己抑制の要請という〝かぶき〟終焉の徴表は、開放的で日常から逸脱した（その意味ですぐれて〝かぶき〟的な）祭礼や芸能のハレの場においても見られた。すなわち、市井の（藩邸外の）藩の管理が及ばないハレの場と家中を遮断するとともに、藩邸内で家臣や奉公人（および彼らの妻子）に娯楽的なハレを享受させる、藩邸内の芸能上演である。

近世初頭（十六世紀末から十七世紀前半）を特色づけていた社会風潮、風俗としての〝かぶき〟は、十八世紀以降はしだいに芸能としての「歌舞伎」の世界に押し込められていく。ならば、狂騒、逸脱、反逆などもろもろの可能性を封じ込められた歌舞伎その他の芸能は、社会そして体制の秩序に対して、再びどのような侵犯力を発揮するだろうか。それは近世後期芸能史の主要なテーマにほかならない。

主要引用資料一覧

守山御日記（東北大学狩野文庫蔵）
思忠志集（国立公文書館内閣文庫蔵）
武士としては（同右）
『会津藩家世実紀』（家世実紀刊本編纂委員会編　吉川弘文館）
鸚鵡籠中記（『名古屋叢書続編』9〜12　名古屋市教育委員会編集・発行）
葉隠（葉隠聞書）（日本思想大系26『三河物語　葉隠』（齋木一馬・岡山泰四・相良亨校注
岩波書店）
酒井家教令（同右27『近世武家思想』石井紫郎校注　岩波書店）
弘前藩関係史料（史料館叢書3『津軽家御定書』国立史料館編　東京大学出版会）
加賀藩関係史料（『加賀藩史料』第一〜五編　侯爵前田家編輯部編）
『土芥寇讎記』（金井圓校注　新人物往来社）
松藩廃家録・世臣伝（『二本松市史』第五巻　近世Ⅱ　資料編　二本松市編集・発行）
玉滴隠見（『内閣文庫所蔵史籍叢刊』44　汲古書院）
文露叢（同右48）

御仕置裁許帳（『近世法制史料叢書』一　石井良助編　弘文堂書房）
万治制法（『山口県史料』近世編　法制上　山口県文書館編集・発行）
異扱要覧（国立公文書館内閣文庫蔵）
小野言員諫書（『徳川光圀関係史料　水戸義公伝記逸話集』所収「西山遺聞」常磐神社・水戸史学会編　吉川弘文館）
府県史料（禁令）（『日本庶民生活史料集成』第二十一巻　三一書房）
『政談』（岩波文庫　辻達也校注）
『紀州藩石橋家　家乗』（影印本　清文堂出版）
けいせい寝覚関（古典文庫422『上方狂言本』八　土田衞・河合真澄編）
『色道大皷』（古典文庫91　吉田幸一編集・発行）
『男色十寸鏡』（同右37　西鶴学会編）
『武道伝来記』（岩波文庫　横山重・前田金五郎校注）
犬枕（日本古典文学大系90『假名草子集』前田金五郎・森田武校注　岩波書店）
好色万金丹（同右91『浮世草子集』野間光辰校注　岩波書店）
男色大鑑（日本古典文学全集『井原西鶴集』(2)　宗政五十緒・松田修・暉峻康隆校注　小学館）

大経師昔暦　心中宵庚申（同右『近松門左衛門集』⑵　鳥越文蔵校注　小学館）
心友記（日本思想大系60『近世色道論』野間光辰校注　岩波書店）
『完本色道大鏡』（野間光辰編著　友山文庫）
『三人吉三廓初買』（今尾哲也校注　新潮社）
兎園小説拾遺（『日本随筆大成』〈第二期5〉日本随筆大成編輯部　吉川弘文館）
仮寝の夢（『随筆百花苑』第7巻　森銑三・野間光辰ほか編　中央公論社）
諸国百物語（叢書江戸文庫第Ⅰ期2『百物語怪談集成』太刀川清校訂　国書刊行会）
堀田正盛辞世（『堀田家三代記』堀田正久著　新潮社）
（付記）史料の引用にあたっては、読み下しに改めたほか、適宜仮名や漢字を補った。
本文では挙げていないが、ほかに参考文献として左記のものがある。
池上彰彦「江戸火消制度の成立と展開」（西山松之助編『江戸町人の研究』第五巻　一九七八年　吉川弘文館）
笠谷和比古「近世武家屋敷駈込慣行」（『史料館研究紀要』第十二号　一九八〇年）
塚本　学『生類をめぐる政治――元禄のフォークロア』（一九八三年　平凡社）

あとがき

十四歳の少年の自殺ではじまった本書は、奇《く》しくも八十五歳の天野長重の大往生で幕を閉じた。巧《たく》んだわけではない。巧んだどころか、少年の死は長重の死から七年後のことだから、時間的順序からいえば両者の配置は逆でなければならない。

そして本書がたどろうとした〝十七世紀後半以降における武士社会の新しい作法の形成〟というテーマからいっても、死に憑《つ》かれたような少年の切腹は、老の価値を見いだそうとした長重の老衰死より時間的に前に起こる方が、整合的である。

しかし、およそどのような歴史の流れも、さまざまな逆行、逸脱現象を繰り返しながら進行する。いや、そうした逆行や、一度は途絶えた現象の間歇《かんけつ》的なよみがえりを含みこんで展開するからこそ、歴史の流れといえるのではないか。

そうはいってみたところで、本書が歴史叙述としては、あまりに個別的エピソードの具体的様相にとらわれ、それらを不用意に並べすぎたというそしりは免れないかもしれない。個別のエピソードには、それが具体的であればあるほど客観的に測量できない人間的要素、エピソードの主人公たちの個性や背景が多分に絡《から》まらざるをえない。

筆者はだからといってこれらを細かいふるいにかけて注意深く振り落とすのではなく、論述上の整合性を犠牲にしても、個別的な（したがってただちに一般化しにくい）具体事例を拾い、並べ、連ねようと試みた。その方が、あたかも一見互いに無関係な断片を並べることによって一つの世界が描き出されるモザイクやジグソー・パズルのように、時代の像を鮮やかに浮かびあがらせると考えたからである。『江戸藩邸物語』と題した本書の試みがどれだけの効果を挙げたかは、筆者の判断のかぎりではない。ともあれ執筆の初心を振りかえれば……

「やろうよ」という呼びかけの、あとはまかせる（有賀真澄『叢蘭』創刊号序文より）

昭和六十三年四月八日

氏家幹人

増補版あとがき

読み直してみると、『江戸藩邸物語』には、その後の私のほぼすべての研究テーマが見いだせる。少年の世界、武士の作法、老いと死、そして性愛……。処女作には著者の全作品が潜んでいるというが、その言葉がみごとに当てはまるのである。古書古文書に接してきた四十年余の成果がこの最初の一冊に凝縮されている。極言すれば、あとの著書は「加筆」に過ぎないということか。

それでも、初版から二十八年後にこのような「増補新装版」が刊行されたのは著者として祝すべきだろう。短期間でうたかたのように消えてゆく書物がほとんどの昨今、ともあれ今後も書物のかたちで（あるいは電子書籍として）生き残るだけでも。

いや、生き残るというより死に残るという表現のほうがいいかもしれない。競い合って生き続けたのではなく、いずれは消えてなくなるが、とりあえずいまこの世にあるという意味で、まさにこの本にふさわしいからだ。

横井《よこい》也有《やゆう》（一七〇二―一八三）にこんな句が。

死にのこれ一つばかりは秋の蟬

二〇一六年三月十四日

氏家幹人

本書は一九八八年六月、中央公論新社から刊行された
『江戸藩邸物語』に、「『守山日記』にみる〝かぶき〟
終焉の時代像（抄）」を増補し、文庫化したものです。

図版作成　村松明夫

増補版《ぞうほばん》

江戸《えど》藩邸《はんてい》物語《ものがたり》

戦場《せんじよう》から街角《まちかど》へ

氏家幹人《うじいえみきと》

平成28年 6月25日　初版発行
令和6年 4月20日　4版発行

発行者●山下直久

発行●株式会社KADOKAWA
〒102-8177　東京都千代田区富士見2-13-3
電話　0570-002-301(ナビダイヤル)

角川文庫 19835

印刷所●株式会社KADOKAWA
製本所●株式会社KADOKAWA

表紙画●和田三造

●お問い合わせ
https://www.kadokawa.co.jp/ (「お問い合わせ」へお進みください)
※内容によっては、お答えできない場合があります。
※サポートは日本国内のみとさせていただきます。
※Japanese text only

ISBN978-4-04-400133-9　C0121

角川文庫発刊に際して

角川源義

第二次世界大戦の敗北は、軍事力の敗北であった以上に、私たちの若い文化力の敗退であった。私たちの文化が戦争に対して如何に無力であり、単なるあだ花に過ぎなかったかを、私たちは身を以て体験し痛感した。西洋近代文化の摂取にとって、明治以後八十年の歳月は決して短かすぎたとは言えない。にもかかわらず、近代文化の伝統を確立し、自由な批判と柔軟な良識に富む文化層として自らを形成することに私たちは失敗して来た。そしてこれは、各層への文化の普及滲透を任務とする出版人の責任でもあった。

一九四五年以来、私たちは再び振出しに戻り、第一歩から踏み出すことを余儀なくされた。これは大きな不幸ではあるが、反面、これまでの混沌・未熟・歪曲の中にあった我が国の文化に秩序と確たる基礎を齎らすためには絶好の機会でもある。角川書店は、このような祖国の文化的危機にあたり、微力をも顧みず再建の礎石たるべき抱負と決意とをもって出発したが、ここに創立以来の念願を果すべく角川文庫を発刊する。これまで刊行されたあらゆる全集叢書文庫類の長所と短所とを検討し、古今東西の不朽の典籍を、良心的編集のもとに、廉価に、そして書架にふさわしい美本として、多くのひとびとに提供しようとする。しかし私たちは徒らに百科全書的な知識のジレッタントを作ることを目的とせず、あくまで祖国の文化に秩序と再建への道を示し、この文庫を角川書店の栄ある事業として、今後永久に継続発展せしめ、学芸と教養との殿堂として大成せんことを期したい。多くの読書子の愛情ある忠言と支持とによって、この希望と抱負とを完遂せしめられんことを願う。

一九四九年五月三日